前　　言

国际金融危机爆发之前，很多宏观经济学家秉持的理念是：一旦政策利率达到零利率下限，在调控宏观经济方面，货币政策基本上就变得无能为力。一旦政策利率达到零利率下限，中央银行不能进一步下调利率，那么像股票、房地产与外汇等之类资产的价格就不会受到货币政策的影响。因此，货币政策就不能通过影响金融中介或者金融市场调控宏观经济。

2007 年夏季爆发的资产价格下跌，信贷市场紧缩，重重打击了美国和其他国家的经济活动。从 2007 年 9 月起，美联储采取了激进的降低短期利率行动，在 2008 年 12 月的会议上，联邦公开市场委员会下调其联邦基金利率近于其下限，至 0～0.25%。在短期利率接近零下限时，为了改善金融环境，包括促进股票价格与房地产价格上涨，进一步刺激经济复苏，美国中央银行家采用两种降低长期名义利率的策略：第一，购买长期债券，由此提升对市场中剩余债券的需求，来压低长期利率，美联储旨在运用它的大规模资产购买计划抽出私人投资组合中的长期债券，寄希望于私人投资者重新平衡投资组合时，长期债券的价格上涨，收益率下降，也就是量化宽松政策；第二，承诺将短期利率在一段时间内维持在零水平，一直维持到利率恢复的条件就绪之后，这是美联储所谓的前瞻指引。

美联储通过大规模购买政府债券或者机构债券等长期债券，就会压低长期债券的收益率。实际操作中，私人部门在借贷时经常使用政府债券收益率作为计算利率的基准。由于政府债券不可能违约，因此，政府债券常被视为无风险资产。当私人部门相互借款时，它们经常将借款利息与投资政府债券（等同于向政府提供贷款）所得收益相比较。由于向政府贷款无风险，而贷给私人部门存在风险，因此，贷款人一般对私人部门贷款收取的利息高于同期政府债券的收益。随着中央银行大规模购买政府债券，导致债券的价格上涨，而债券的收益率随之下降，这时，私人部门就会参照这一相对较低的收益率水平来确定长期贷款的利率水平。

作为美联储的一项重要政策创新，美联储前瞻指引旨在从修复金融市场转向改变市场价格与实现充分就业。中央银行通过与公众就未来货币政策走势进行沟通，直接影响更长时期内公众对于利率走势的预期，从而对长期的利率产生影响，通过影响长期利率，最终对刺激总需求产生作用。在一定程度上，前瞻指引是增加中央银行透明度与改善中央银行沟通的核心工具，这有助于公众了解中央银行的政策反应函数，进而对未来货币政策的走势形成理性预期，提高家庭消费与企业投资做出正确决策的概率，提高货币政策的有效性，从而促进经济增长。但是，美国中央银行家运用前瞻指引的过程中，他们隐含的一个假设是：把市场看作一个能够与之理性交流的个体，但是，市场参与者是不尽相同的，最乐观的投资者会推动资产价格上涨，增加长期利率波动性，进而削弱货币政策有效性。

在防范金融体系崩溃和促使经济复苏方面，美国非传统货币政策工具发挥关键的作用，但非传统货币政策的局限性不容低估。比如，量化宽松政策可以提供流动性，化解流动性风险，但并不能化解深层的偿付风险问题。非传统货币政策可以用时间换取修复资产负债表与结构改革的空间，但却不能取代它们，如果不能认识到非传统货币政策的局限性，将导致美联储不堪重负，触发一系列潜在的风险，造成金融不稳定，降低美联储的信誉，延缓美国经济与全球经济的复苏。无论如何，在危机管理当中，货币政策的作用只能是为走出危机创造稳定的货币金融环境，复苏与繁荣的根本动力终究还要源自企业家持续不断地在实体经济层面实施的各类创新活动。

与此同时，在经济全球化的背景之下，国际金融危机让世界经济懂得了美国的重要性——包括好坏两个方面。从积极的一面来看，这场危机有助于说明美国非传统货币政策防止全球经济萧条的能力。但这些政策产生溢出效应，特别是提高了资产价格和导致资本大量流入新兴市场经济体，从而增加金融市场的波动性，加剧了金融脆弱性风险。在过去几十年里，新兴经济体大规模资本流动逆转的情况多次发生，并往往导致金融危机和经济衰退，作为事实上的世界中央银行，美国的货币政策是资本流动转向的关键驱动因素。典型案例包括 20 世纪 80 年代的拉美债务危机、1994 年的墨西哥比索危机、1997 年的亚洲金融危机、1998 年的俄罗斯卢布危机、2001 年的阿根廷货币危机。尽力厘清美国非传统货币政策在推出与退出时对新兴市场经济体的溢出渠道，对新兴市场经济体防范金融风险而言，显得尤为重要。

　　最后，不得不提的是，在美联储百余年的历史中，其最终目标不断切换。每次遇见金融危机或者经济危机的冲击，美联储的中央银行家都会吸取教训或者借鉴经验，他们曾经为取得"大稳健"与成功应对 1987 年股灾而自鸣得意，也为遇见愈演愈烈的国际金融危机而发出"货币政策不是万能药"的无奈感慨！当下，美联储又把金融稳定重新确定为最终目标，但是，有些问题，比如，如何协调宏观审慎监管与货币政策以实现宏观经济稳定与金融稳定，美国经济的未来走势与政策取向，我们将会持续跟踪研究。

作　者

2018 年 5 月

目　　录

第一章　美联储最终目标的轮回 ……………………………………………… 1

第一节　设立美联储的背景 ………………………………………………… 1

第二节　美联储最终目标的轮回 …………………………………………… 2

第三节　美国货币政策最终目标轮回的理论基础 ……………………… 7

第四节　小结 ………………………………………………………………… 17

第二章　理解美国货币政策框架的转型 ……………………………… 19

第一节　货币政策制定的两个框架 ……………………………………… 19

第二节　泰勒规则及其在美国的运用 …………………………………… 20

第三节　通货膨胀目标制及其在美国的运用 …………………………… 22

第四节　从泰勒规则向通货膨胀目标制转型的逻辑 ………………… 25

第五节　美国货币政策框架转型引发金融危机? ……………………… 28

第六节　小结 ………………………………………………………………… 30

第三章　货币政策与资产价格泡沫：美国中央银行家的言与行 …… 32

第一节　处理资产价格泡沫的两种货币政策：传统战略和超常战略 …… 32

第二节　2007～2009 年国际金融危机之前：实施传统战略 …………… 33

第三节　2007～2009 年国际金融危机之后：反思传统战略 …………… 37

第四节　美联储应对资产价格泡沫崩溃：三个案例 ………………… 40

第五节　小结 ………………………………………………………………… 44

第四章　美国非传统货币政策的实施背景与概念界定 ……………… 45

    第一节　美国非传统货币政策的实施背景 ……………… 45

    第二节　美联储非传统货币政策的概念界定 ……………… 49

    第三节　两类非传统货币政策传导机制的比较及其目标 ……… 51

    第四节　小结 ……………… 53

第五章　量化宽松政策：理论基础、演进脉络与潜在风险 ……… 55

    第一节　货币政策和金融机构 ……………… 55

    第二节　量化宽松政策的传导机制 ……………… 57

    第三节　量化宽松政策的演进脉络 ……………… 62

    第四节　美国量化宽松政策的实施绩效 ……………… 64

    第五节　量化宽松政策的潜在风险 ……………… 67

    第六节　小结 ……………… 69

第六章　美联储前瞻指引：理论基础、发展脉络与潜在风险 ……… 71

    第一节　前瞻指引的理论基础 ……………… 72

    第二节　美联储前瞻指引的发展脉络 ……………… 75

    第三节　美联储前瞻指引的实施绩效 ……………… 78

    第四节　美联储前瞻指引的潜在风险 ……………… 80

    第五节　小结 ……………… 83

第七章　美国非传统货币政策的退出战略 ……………… 84

    第一节　危机以来美联储资产负债表的变化 ……………… 84

    第二节　美联储实施退出战略的时机选择 ……………… 86

    第三节　美联储实施退出战略的政策工具 ……………… 92

    第四节　美联储实施退出战略的顺序和步骤 ……………… 96

    第五节　小结 ……………… 99

第八章　美国推出非传统货币政策的溢出效应 …………………………… 101

第一节　美国非传统货币政策的溢出渠道概览 ………………… 101

第二节　新兴市场经济体资产价格的上涨 ……………………… 103

第三节　国际资本流入新兴市场经济体 ………………………… 106

第四节　新兴市场经济体政策利率的制定陷入两难困境 ……… 108

第五节　小结 …………………………………………………… 109

第九章　美国非传统货币政策正常化对中国的溢出效应 …………………… 110

第一节　文献综述 ……………………………………………… 111

第二节　美国非传统货币政策溢出效应的理论模型 …………… 113

第三节　计量模型与变量选取 ………………………………… 116

第四节　美国非传统货币政策对中国长期利率影响的实证检验 ………… 119

第五节　小结 …………………………………………………… 124

第十章　反思货币政策最终目标 ………………………………………… 126

第一节　文献综述 ……………………………………………… 126

第二节　最优货币政策理论与货币政策最终目标的选择 ……… 129

第三节　金融稳定政策与通货膨胀目标制 ……………………… 131

第四节　货币政策最终目标的反思 …………………………… 133

第五节　小结 …………………………………………………… 139

参考文献 ……………………………………………………………… 141

后记 …………………………………………………………………… 152

第一章

美联储最终目标的轮回

当初，为了维持金融稳定，美国成立美国联邦储备系统（简称为美联储），但是随着经济金融环境与经济观念的新变化，美联储的职责不断发生变化。目前来看，美联储已经把经常不能引起足够重视的维持金融稳定职能与保持宏观经济稳定放在同等重要的位置上。

第一节

设立美联储的背景

美联储是美国的中央银行，于 1913 年根据《联邦储备法》而设立。与英格兰、法国等发达国家成立中央银行相比，美国较晚建立中央银行。事实上，美国第一国民银行、美国第二国民银行分别于 1791～1811 年、1816～1836 年执行中央银行的职能。但是，许多人认为，这两家国民银行的运营造成过度的金融集权，反映出美国联邦政府权力的过度集中，并且它们的政策放慢了经济增长速度，在营业期满后，美国国会否认了这两家国民银行的展期申请（考夫曼，1995）。

在没有中央银行的 80 年间，美国的金融恐慌和银行破产非常频繁。到 20 世纪初期，边境稳定、工业化与城市化发展迅速，以及金融部门在全国经济中的重要性日益突出，最终加大了金融崩溃的成本：金融崩溃和银行破产不仅会对直接卷入的部门造成经济损失，也会在宏观上造成商业和社会的混乱，并使社会付出高昂的代价。1907 年爆发的银行危机凸显了设立中央银行的必要性，当时，美国国会全面研究各种可供选择的金融体系，平衡各种政治力量：城市工商团体支持成立高度集权的组织，独立于联邦政府，致力于稳定美元的购买力，而农村农业利益集团却赞成建立一个分权的、政府拥有的、以自由提供信用为导向的金融体系。

各种政治力量相互妥协的结果是成立兼具集权和分权的美联储：通过建立设在首都华盛顿的联邦储备理事会，实现高度集权，理事会成员由总统任命，与各地区储备银行分担制定和执行货币政策的责任，并给理事会成员提供很长的任期和独立的运作费用，避免政府的过度干预；通过成立 12 家地区性储备银行实现相对分权，会员商业银行"拥有"储备银行，并选举出储备银行的大多数董事。

第二节

美联储最终目标的轮回

随着经济金融环境与经济观念的新变化，美联储的职责也发生变化。美联储的最终目标从最初的维持金融稳定，到追求物价稳定与促进充分就业，再到追求物价稳定，再回到追求物价稳定与促进充分就业，目前轮回到追求物价稳定、促进充分就业与维持金融稳定。

（一）维持金融稳定

按照《联邦储备法》起草者之一罗伯特·莱瑟姆·欧文（Robert Latham Owen）的说法，美联储的设立是为了"提供一种制止阶段性恐慌动摇和伤害美国的方法"。由此可见，设立美联储这一伟大实践的最初目的是维护金融稳定。

在 1913 年颁布的《联邦储备法》中，对美联储的目标的阐述是：

联储的目标包括提供一个有弹性的货币量，提供商业票据再贴现的手段，在美国建立一个更有效的银行监管机制，以及其他目标。

在当时，鉴于现钞的相对重要性，人们往往将现钞作为货币的同义词。弹性是指货币供给以支持经济的能力，在美联储成立之前，货币供给是由财政部负责，但是，财政部并没有改变货币数量的便捷途径。通信设备与交通手段落后，导致金融市场按区域被分割，资金无法顺畅地流动，这种市场分割阻碍了商业贸易，而设立美联储可以使得地区间的资金流动，借助于资金短缺地区的银行向美联储的贴现窗口再贴现它们的贷款票据借入资金得以顺利实现。

在当时，主流观点认为，商业和农业对流动资金的需求超过可用资金规模时会触发恐慌，银行和个人囤积流动性则加剧了恐慌的蔓延。如果能够设立一个可以通过贴现窗口更灵活地向商业银行提供流动性、进而帮助商业银行满足客户的资金需求的新机构，这种季节性的资金需求压力就有望得到缓解。然而，虽然国会中支持设立美联储的议员们希望美联储的设立能够阻止未来再度发生恐慌，但是他们却限制了美联储为应对恐慌而向外放款的能力，例如拒绝非成员银行通过贴现窗口获取资金，限制美联储可以接受的抵押品类型等。

（二）　追求物价稳定与促进充分就业

大萧条是美联储遇到的最大考验。在这场考验中，美联储未能很好地履行维护金融稳定的职责。虽然 1929 年股市大崩盘之后，美联储向金融体系注入了大量流动性，但其对随之而来的银行业恐慌的反应严重不足；大规模的银行倒闭以及货币信贷资金链的断裂成为经济衰退的主要原因。美联储显然没有接受白芝浩（Bagehot）的观点——在恐慌发生时以惩罚性利率提供充足的流动性。

1935 年颁布的《银行法》要求美联储根据美国的整体信贷状况开展公开市场操作，而不仅仅是出于短期流动性的需求。国会也通过允许美联储向更广泛的交易对手提供贷款、接受更多种类的抵押品等措施，增强了美联储通过贴现窗口提供流动性的能力。1935 年颁布的《银行法》加强了美联储在法律上的独立性，强化了联邦储备委员会对联邦储备系统的中央控制。特别是，该法案创建了联邦公开市场委员会，联邦储备委员会在联邦公开市场委员会中拥有绝对多数表决权；规定财政部部长和货币监理署署长不再是联邦储备委员会的成员。然而，事实上，1933 年以后美国财政部仍然对货币政策有很大的影响力，以至于一位经济史学家说美联储已经"退居二线"。"二战"期间，美联储曾运用货币政策工具为战争融资。战争结束后，美联储的货币政策仍然在相当程度上受财政部的影响。直到 1951 年美联储与财政部达成协议后，美联储才开始真正获得制定货币政策的独立性。

大萧条时期的高失业率以及对"二战"后失业率提高的担心使美联储更加坚定地将保持充分就业作为宏观经济政策的目标。美国联邦政府早在1946年就已经在《就业法》中将促进就业确定为总目标，但直到1977年的《联邦储备系统改革法》，该法明确规定美联储应保持货币信贷总量的长期增长与经济的长期潜在增长相一致，以有效地促进最大就业、形成稳定的价格和适度的长期利率。其中，稳定的价格适度的长期利率反映出美联储对价格稳定或货币稳定的关注，而最大就业则反映出美联储的另一项职能。事实上，经济学家和中央银行家经常使用充分就业而非最大就业这个术语。从此之后，充分就业才与价格稳定并列成为美联储的双重目标。虽然美联储正式确立就业目标较晚，但早期的法律一直在推动中央银行朝这个方向努力。例如，立法者曾指出，1935年《银行法》的目的在于，"通过货币操作和信贷管理，提高银行体系促进就业稳定和经济稳定的能力。"

（三）追求物价稳定

在"二战"之后十几年，美联储通过公开市场操作和贴现率影响短期市场利率，联邦基金利率逐渐成为最优的操作目标。"二战"之后，在经历一段由战争时期的生产向和平时期生产转变的短暂、衰退的过渡期后，美国经济开始复苏。其主要动力来源是在战争时期未得到满足的消费者需求：在战争时期，消费品十分稀缺，家庭部门积累了大量的储蓄，"二战"后，消费者的支出迅速上升，美联储采取"逆经济周期"的货币政策，货币供给增加缓慢，20世纪50年代的大部分时间以及20世纪60年代初，美国物价水平稳定，通货膨胀水平较低。

然而，自20世纪60年代中期开始，随着政府支出的扩大，通货膨胀水平在很长一段时间内不断地迅速攀升，这在一定程度上是因为美联储对美国经济保持高增长、低通货膨胀的能力过于乐观。对此，美联储既没有像20世纪50年代那样，加大应对通货膨胀的政策力度，也没有在对经济生产潜力进行更现实的评估的基础上，制定相应的政策以应对持续攀升的物价水平。相反，美联储的政策制定者过于强调导致通货膨胀的所谓的成本推动和结构性因素，错误地认为工资水平和价格水平对经济不景气不敏感，这与弗里德曼（Friedman）的著名论断"通货膨胀时时处处是一种货币现象"形成鲜明对比。正是由于持有这样的观点，美联储为控制通货膨胀采取了控制工资水平和物价水平的措施，而不是调整货币供给。经济学家们认为，美联储未能有效控制通货膨胀的另外一个原因是，低通货膨胀带来的收益远不及为了实现低通货膨胀所需付出的成本。

从 20 世纪 60 年代中期到 20 世纪 80 年代初期，美国的通货膨胀率变得高且不稳定，比如说，在大约四年的时间里，用居民消费价格指数来衡量的通货膨胀率从 3% 上涨到 12%，后来回落到 5%。随着通货膨胀的大幅度变化，实际产出也极不稳定，失业率不断高企，在 1982 年，失业率达到 10.8%，在 1970～1982 年的 13 年间，美国经历了四次经济衰退，经济不断在繁荣与衰退间波动，而每次经济周期总是推动通货膨胀率与失业率的进一步上涨。在这十余年间，美国公开市场操作委员会过于关注实际产出与失业率，而结果却是实体经济剧烈波动与通货膨胀率高且不稳定。

20 世纪 70 年代，美联储遵循其货币政策框架进行调控引起了两轮两位数的通货膨胀。而且，到了 20 世纪 70 年代末，由于美联储没有承担控制通货膨胀的义务，人们的通货膨胀预期变得不稳定，长期利率中隐含的通货膨胀预期上升。正如大家所知，1979 年以后，美联储官员逐渐接受了通货膨胀至少在中长期是货币现象的观点，并且变得更加警惕对经济潜在产出过于乐观的风险，重申经通货膨胀调整后的实际利率和名义利率之间差别的重要性。美联储从根本上改变了其确保价格稳定的方法，进行反通货膨胀，美联储决定公开承诺货币供应量增长目标，并允许利率大幅度提高。这一政策导致经济在短期内深度萎缩，但是，这一政策显著降低了长期通货膨胀预期，因为严格控制货币供应量的增长速度表明美联储愿意用高昂的短期成本来维护价格稳定的决心。在新任主席沃尔克（Volcker）的领导下，把通货膨胀率从 20 世纪 80 年代初期的 14% 降到 1983 年中的不足 3%。

20 世纪 70 年代末，为了抑制通货膨胀，货币政策框架的变化最初是与货币政策操作过程的变化联系在一起的，例如银行储备的增长受到了更多的重视，但货币政策框架的关键变化（即愿意更积极地应对通货膨胀）被保留了下来，即使美联储重新将联邦基金利率作为货币政策工具之后也是如此。货币政策新框架还说明，美联储更加意识到以中央银行信誉为担保、为私人部门的通货膨胀预期提供稳定锚的重要性。最后，货币政策新框架还改变了对美联储双重职责的看法，政策制定者将实现物价稳定视为保持就业最大化的必要条件。

（四）追求物价稳定与促进充分就业

从 20 世纪 80 年代初期，随着通货膨胀预期因从紧的货币政策而下降，以及金融创新的出现导致货币供应量与名义收入量的关系变得非常不稳定，美联储从 1982 年开始不再强调货币供应量增长目标。直至 1993 年 7 月，美联储完全放弃了以货币目标作为货币政策规则，并有效地根据所谓的泰勒规则来制定货币政策。创造了 1984～2007 年的"大稳健"，这一时期，美联储在促进就业最大化和维持物价稳定方面都取得了相当大的成功。当然，维护金融稳定也是美联储的目标之一，美联储会在金融稳定受到冲击和重大威胁（例如 1987 年的股灾和 2001 年的恐怖袭击事件）时予以应对。

在伯南克（Bernanke）接替格林斯潘（Greenspan）成为美联储主席之后，美联储对货币政策操作的某些环节逐步进行修改，使之与实施通货膨胀目标制的中央银行更为一致。但是，在美国的货币政策框架这一转型的过程中，国际资本流入与长期维持低利率刺激房地产价格上涨，从而酿成金融危机，最终导致大衰退。总而言之，在"大稳健"期间，由于美联储与其他银行业机构共同承担监管职责，美联储讨论货币政策时经常不能给予维持金融稳定功能足够的重视，导致国际金融危机的爆发。

（五）追求物价稳定、促进充分就业与维持金融稳定

国际金融危机爆发之后，美联储已经将维持金融稳定与制定货币政策两项职责置于同等重要的地位，这一重大的制度性变革还反映在货币政策目标的变化

上。国际金融危机和随之而来的大衰退表明，金融不稳定会在更大范围内对经济造成严重的破坏。这意味着，中央银行如果想促进经济增长，就必须考虑各种风险对金融稳定的影响。美联储的应对策略是在实践中逐渐形成的，即以监测（monitoring）、监督（supervision）和规制（regulation）为防范系统性风险的第一道防线，对在此基础上仍然存在的风险，美联储考察应对这些风险的货币政策的成本与收益，并据此决定是否出台货币政策。

在恐慌爆发初期及恐慌期间，中央银行发挥最后贷款人职能，向市场提供流动性以缓解市场资金紧张局面。在应对国际金融危机期间，美联储的许多流动性计划就发挥了关键性作用。然而，更为重要的是要增强金融体系的弹性，使之能够应对大型金融冲击。为此，美联储和其他监管机构及金融稳定监督委员会（Financial Stability Oversight Council）积极监测金融发展动向，共同致力于加强金融机构和市场应对金融冲击的能力。美联储加强金融监管，它不仅要求金融机构辨别和抵御风险，还要求整个金融体系也要辨别和抵御风险，即所谓的宏观审慎管理。

从某种意义上说，美联储经历了一个轮回，现在又回到了防范金融恐慌的最初目标上。即使是在经济稳定、繁荣的时期，货币政策制定者和金融监管者仍应将维护金融稳定与保持宏观经济稳定放在同等重要的位置上。而事实上，维护金融稳定是保持宏观经济稳定的必要前提之一。

第三节

美国货币政策最终目标轮回的理论基础

美国货币政策最终目标的轮回，具有深刻的理论基础。从最初防范金融危机的真实票据说逐渐过渡到促进充分就业的凯恩斯主义，以及实现充分就业的理性预期理论等。

（一）维持金融稳定的理论基础

成立初期，美联储维护金融稳定的政策框架主要受实质票据学说和美国当时实施的金本位制度的影响。根据实质票据学说，美联储的功能定位于提供弹性货币，以满足商业对流动性的需求，并最终实现维持金融和经济稳定的目标。即在商业活动扩张阶段，美联储向商业银行提供流动性，满足其货币信贷需求；在商业活动萎缩阶段，美联储则回收系统中的流动性从而降低信贷扩张能力。

美联储是在金本位制度的前提下运行的。在金本位制度下，美元持有者可以随时要求将美元兑换成黄金，美联储为此需要保证其持有的黄金不少于美元发行量的40%。然而，与理想化的金本位制度不同，美联储经常采取各种措施限制黄金的流入与流出，以减轻黄金自由兑换对美国境内货币供应的影响。鉴于美国经济规模庞大，这种做法给了美联储相当大的自主权，有效地保证了美联储能够根据实质票据学说制定货币政策，免受过多的外界干预。

不过，大量研究表明，尽管美联储成立后，金本位制度没有过多影响美联储货币政策的制定，但20世纪20年代末和20世纪30年代初，金本位制度扰乱了全球经济。此外，经济史学家还指出，美联储确实是按照实质票据学说制定货币政策的，即当商业活动扩张、价格上行压力加大时，美联储增加了货币供应。这意味着美联储的货币政策是顺周期的。因此，美联储实际上是增加了而不是减少了经济活动和物价水平的波动。

（二）实现充分就业的理论基础

20世纪30年代的领导者缺位并没有给美联储带来太多不便，反倒是缺乏一个能够帮助美联储理解发生了什么和需要做些什么的货币政策框架成为摆在美联储面前的难题。当时盛行的是清算主义理论（liquidationist theory）。根据这一理论，经济不景气具有必要的清洁经济的功能：经济发展并不平稳，投资与企业对未来下赌注，如果投资与企业失败，就会清算劳动力、清算股票、清算农场主、清算房地产，从而释放更多的生产要素。从这个角度来说，金融恐慌可以肃清经济体系腐败的根源，可以导致生活成本的下降，清算之后，人们工作更加努力，更加节俭，企业雇用更多缺少竞争力的员工。基于此，熊彼特认为，货币政策并不是在萧条与非萧条之间选择，而是在现在萧条还是一段时间后萧条之间进行选择。

大萧条之后，将就业作为货币政策目标的政策框架反映了宏观经济理论的发展。这一时期的宏观经济理论为理解货币政策如何影响实体经济和就业以及如何减少周期性波动奠定了基础，代表人物有克努特·维克塞尔（Knut Wicksell）、欧文·费雪（Irving Fisher）、拉尔夫·霍特里（Ralph Hawtrey）、丹尼斯·罗伯逊（Dennis Robertson）和约翰·梅纳德·凯恩斯（John Maynard Keynes）等。蒙贾（Moenjak）在2014年指出，20世纪60年代的美国，在刺激经济活动和降低失业率的各项措施中，采用积极的货币政策占据主导地位，通过需求管理政策微调，进而平抑宏观经济波动。与此同时，美联储对原先维护金融稳定职责的关注度有所下降。导致这种状况的部分原因在于，美联储认为20世纪30年代成立的联邦存款保险公司和证券交易委员会取代了美联储，二者在维护金融稳定方面负有更多的责任；以及美国为使金融体系更加稳定而进行了一系列改革。

（三） 维持物价稳定的理论基础

中央银行实现物价稳定的实践所依据的是五种主要理论：货币数量论、菲利普斯曲线、自然失业率、理性预期假说与时间不一致问题。这五种理论都认为，中央银行在执行货币政策时，应遵循一种旨在维持较低且稳定的通货膨胀环境的合理规则。中央银行依据合理规则来执行货币政策有助于调控社会公众的预期，使社会公众相信中央银行将尽力使用货币政策来达到可能的最大效果，即实现长期物价稳定，而不是试图将失业率降到自然失业率水平以下。

1. 货币数量论

货币数量论可以由欧文·费雪于1911年提出的交易方程式表示：

$$M \times V = P \times Q \tag{1-1}$$

其中，M表示货币总量，V表示货币流通速度，P表示物价水平，Q表示出售的商品数量。在货币数量论下，货币流通速度（V）被认为由支付技术水平等方程式以外的因素决定，出售的商品数量（Q）也由方程式以外的因素决定，比如劳动力、资本、技术等生产要素的质量与数量及其制度环境。因此，货币流通速度与出售的商品数量都是常数，不由方程式中的任何其他变量所决定。

该理论认为，从长期看，货币总量的上升引起一般物价水平的上涨，因此，货币政策仅仅能影响商品和劳务的价格，无法直接影响产出或者经济发展水平。中央银行通过发钞来刺激经济，从长期来看，只能造成物价的上涨与通货膨胀。货币数量论成为反对中央银行实施过度宽松政策的关键性理论之一。

2. 菲利普斯曲线（Phillips Curve）

从20世纪50年代开始，随着更多宏观数据的可以获得，经济学家开始注意到失业率与通货膨胀率之间的负相关关系。当通货膨胀率较低时，失业率较高；当通货膨胀率较高时，失业率较低。失业率与通货膨胀率之间的负相关关系以经济学家菲利普斯的名字命名，被称为菲利普斯曲线，这是因为菲利普斯率先通过英国的经济数据发现了这种现象。菲利普斯曲线的数学形式可以表示为：

$$\pi = -\varphi(u - u^*) \qquad\qquad (1-2)$$

其中，π 是通货膨胀率；φ 大于零，是通货膨胀率对失业率的反应系数；u 是失业率，u^* 是自然失业率。

图1-1描绘了典型的菲利普斯曲线。

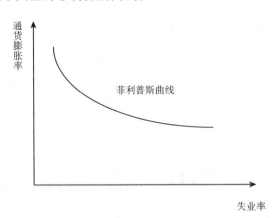

图1-1 菲利普斯曲线：短期内通货膨胀与失业的权衡

根据菲利普斯曲线，中央银行可以通过允许通货膨胀率上升的方式来降低失业率。例如，中央银行放松银根就可以刺激总需求和经济活动。当货币环境宽松了，居民可以借入更多的资金来消费，企业可以借入更多的资金来投资。随着经济活动增多，企业愿意雇用更多劳动力，因此失业率随之降低。与此同时，对商品和劳务的需求增加，通货膨胀率也会跟着上涨。菲利普斯曲线为中央银行使用货币政策微调经济提供理论依据。

3. 自然失业率

20 世纪 60 年代中期以来，随着更多数据的可以获得，经济学家发现，失业率与通货膨胀率之间的负相关关系开始削弱。通过更详细地检验通货膨胀和失业的数据，以及引入"预期"的概念，菲尔普斯（Phelps）、弗里德曼等经济学家提出了"自然失业率"的概念。该理论认为，在任何一种经济体，都存在与该经济体基本面相对应的一种失业率，在该失业率水平下，通货膨胀率水平不发生变化，那么，该失业率就是自然失业率，也就是说，自然失业率是不会引起通货膨胀率水平发生变化的失业率。

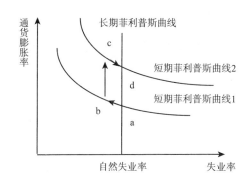

图 1 - 2　长期菲利普斯曲线：长期内通货膨胀与失业不存在权衡关系

如图 1 - 2 所示，在短期菲利普斯曲线 1 上的 a 点，只要没有供给或者需求冲击，失业率就会维持在自然失业率水平。如果中央银行采用宽松的货币政策刺激经济，在初期，经济可能从 a 点移动到 b 点，即失业率降到自然失业率以下，这时，通货膨胀率就会上升。随着通货膨胀率的上升，企业与居民对通货膨胀预期就会上涨，在做出决策时，企业与居民会考虑通货膨胀预期的变化，企业标高商品和劳务的价格，以保证销售利润，而工人会要求更高的工资，以免受生活成本上涨的影响，进而引起物价和工人工资上涨，促使通货膨胀率上升，短期菲利普斯曲线向上移动，伴随着通货膨胀预期的上涨，通货膨胀率开始上升，此时，经济处于新的菲利普斯曲线 2 的 c 点。但是，从长期来看，由于经济无法超出潜在增长率，失业率就会退回到自然失业率水平。最终，d 点成为新的经济均衡点，此时，通货膨胀率已经高于最初的水平。

如果中央银行继续刺激经济，企业与居民会考虑通货膨胀预期的变化，企业标高商品和劳务的价格，以保证销售利润，而工人会要求更高的工资，以免受生活成本上涨的影响，导致物价和工人工资上涨，企业的定价行为与工人工资上涨反过来导致通货膨胀与通货膨胀预期迅速上升，短期菲利普斯曲线也会跟着持续向上移动，进而引起"工资—价格螺旋式上涨"，但是，通货膨胀率上升之后，失业率会长期地停留在自然失业率之下的水平。"自然失业率"这一概念的引入，让经济学家找到了货币政策在短期有效而长期无效的契合点。

4. 理性预期假说

公众预期影响着货币政策的有效性。公众有着足够的理性，能够将其对政策结果的预期融入当前的决策之中。比如，扩张性的货币政策导致通货膨胀的预期，然后引起螺旋式的工资和物价上涨。为了使货币政策能够有效地维持物价稳定，中央银行必须调控公众的通货膨胀预期。

到 20 世纪 70 年代，经济学家成功地将预期可以对经济政策有效性产生作用予以理论化。在此之前，随着宏观数据收集和计量技术的进步，政策制定者在做出决策时，开始越来越多地依靠历史上经济变量的关系。然而，许多经济学家认为，依据历史数据的关系所做的政策可能无效，因为公众可能预期到这些政策的结果，并采取政策制定者意料之外的行动。

理性预期模型假定，当事人充分利用他们可以获得的信息，其预期的形成方式与经济实际运行的方式相一致。为了便于说明情况，假定在知悉货币供给量之前，经济决策者预期的货币供应量为 m^e，如果实际的货币供应量为 m，将当事人预期货币供给量与实际货币供给量之差 ε_m 定义为当事人的货币预测误差，即：

$$\varepsilon_m = m - m^e \qquad (1-3)$$

同理，定义当事人的潜在产出预测误差为潜在产出（y^*）与当事人预期潜在产出（y^{*e}）之差，即：

$$\varepsilon_{y^*} = y^* - y^{*e} \tag{1-4}$$

需要说明的是，无论是当事人的货币预测误差，还是当事人的潜在产出预测误差的期望值都是零。

总需求方程（AD）表示为：

$$m + v = p + y \tag{1-5}$$

总供给方程（AS）表示为：

$$p = p^e + \lambda(y - y^*) \tag{1-6}$$

由式（1-5）与式（1-6），可得：

$$y = \frac{1}{1+\lambda}m + \frac{1}{1+\lambda}(v - p^e) + \frac{\lambda}{1+\lambda}y^* \tag{1-7}$$

$$p = \frac{\lambda}{1+\lambda}(m + v - y^*) + \frac{1}{1+\lambda}p^e \tag{1-8}$$

把式（1-3）与式（1-4）代入式（1-8）中，可得：

$$p = \frac{\lambda}{1+\lambda}\left[(m^e + \varepsilon_m) + v - (y^{*e} + \varepsilon_{y^*})\right] + \frac{1}{1+\lambda}p^e \tag{1-9}$$

假定当事人以式（1-9）中的价格预测为基础形成他们的预期价格（p^e），预测只能是以当事人所掌握的信息为基础。进而可得：

$$p^e = \frac{\lambda}{1+\lambda}(m^e + v - y^{*e}) + \frac{1}{1+\lambda}p^e \tag{1-10}$$

整理，可得：

$$p^e = m^e + v - y^{*e} \tag{1-11}$$

进而可得产出与价格的均衡解：

$$y = y^{*e} + \frac{1}{1+\lambda}\varepsilon_m + \frac{\lambda}{1+\lambda}\varepsilon_{y^*} \tag{1-12}$$

$$p = m^e + v - y^{*e} + \frac{\lambda}{1+\lambda}(\varepsilon_m - \varepsilon_{y^*}) \tag{1-13}$$

由式（1-12）与式（1-13）可以看出，在理性预期的情况下，预料到的货币供给增加对产出毫无影响，而未预期到的货币供给的增加，会给产出带来一些影响；预期到的货币供给每增加1%导致价格水平上涨1%，同时，未预期到的货币供给的增加，也会给价格水平的变化带来影响。

根据理性预期理论，完全依赖观察到的高度集中的历史数据而实施的经济政策是无效的，因为政策引入后人们会改变他们的决策以做出反应。比如说，如果中央银行打算利用通货膨胀和失业之间负相关关系，实施政策以维持高通货膨胀率并期望失业率随之下降，但是，企业和工人会提高他们的通货膨胀预期，最终使得通货膨胀和失业之间的负相关关系瓦解。

萨金特和华莱士（Sargent and Wallace，1976）提出政策无效论，使得理想预期假说对货币政策产生重要影响。政策无效论指出，如果美联储试图通过扩张性货币政策降低失业率，经济主体会完全预期到这种政策立场，他们会相应地提高通货膨胀预期，这会抵消掉货币政策的扩张效应。在极端的情况下，通货膨胀率会得到调整，而失业率则不会。尽管对政策无效论的应用性存在争论，但是，这一论断至少使中央银行更多地意识到预期的作用以及使用货币政策追求低失业率具有一定的危害性。

5. 时间不一致问题

自然失业率和理性预期假说指出使用货币政策主动调控失业率至自然失业率以下的缺陷，但是并未详细指出中央银行如何最佳地实施货币政策。基德兰德与普雷斯科特（Kydland and Prescott，1977）对时间不一致性的研究，对此进行完善，指出如果任由中央银行相机抉择地实施货币政策，而不遵循清晰的规则，效果可能事与愿违。政策制定者往往具有良好的意愿，如果他们认为能够增进社会福利，制定政策时他们可能会改变自己的一些初衷。但是，改变初衷会损害未来政策的可信度和有效性，反而会降低公众福利。对于中央银行来说，如果想要货币政策有效地维持较低且稳定的通货膨胀水平，那么中央银行的信誉至关重要。

假定中央银行的损失函数为：

$$L = \frac{1}{2}(y - y^*)^2 + \frac{1}{2}a(\pi - \pi^*)^2 \qquad (1-14)$$

　　其中，y 是产出水平的对数，y^* 是潜在产出水平的对数，π 是通货膨胀率，π^* 是公众预期的通货膨胀率，a 是大于零的系数，反映出中央银行的偏好，式（1-14）表明，a 越大，中央银行降低通货膨胀的相对权数就越大，中央银行会选择最优通货膨胀率。

　　根据卢卡斯曲线，可得总供给曲线作为产出约束：

$$y = \bar{y} + b(\pi - \pi^e) \qquad (1-15)$$

$\bar{y}$ 是价格可变时的产出水平的对数，小于潜在产出水平的对数。

　　把式（1-15）代入式（1-14），可得：

$$L = \frac{1}{2}\left[\bar{y} + b(\pi - \pi^e) - y^*\right]^2 + \frac{1}{2}a(\pi - \pi^*)^2 \qquad (1-16)$$

　　根据一阶条件，其中中央银行的最小损失函数，可得：

$$\left[\bar{y} + b(\pi - \pi^e) - y^*\right]b + a(\pi - \pi^*) = 0 \qquad (1-17)$$

　　从而，解得：

$$\pi = \pi^* + \frac{b}{a + b^2}(y^* - \bar{y}) + \frac{b^2}{a + b^2}(\pi^e - \pi^*) \qquad (1-18)$$

　　由式（1-18）可以看出，最终的通货膨胀率（π）取决于通货膨胀预期（π^e），如图 1-3 所示，可以把最终的通货膨胀率（π）表示为通货膨胀预期（π^e）的函数，如果公众预期中央银行会选择最优的通货膨胀率为 π^*，那么最终的通货膨胀率（π）往往会高于 π^*。

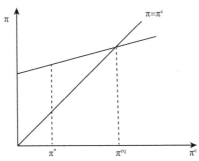

图 1-3　不存在承诺时的通货膨胀决定

（四）货币政策和金融稳定政策的分置

金融危机之前，中央银行家们已经意识到金融摩擦对实体经济具有严重的影响。尽管如此，中央银行的最优货币政策框架并不把金融摩擦[①]作为经济周期波动的一个主要因素。这是由于货币政策和金融稳定政策的分置，即它们是分别独立执行的两种政策。如图1-4所示，货币政策工具强调将通货膨胀缺口和产出缺口最小化，而金融监管措施防范可能导致金融不稳定的过度风险。

图1-4　金融危机之前的正统观点：通货膨胀目标制

国际金融危机之前，中央银行的传统思维是，通货膨胀稳定和金融稳定在本质上是互补的，实现通货膨胀稳定能促进金融稳定。通过锚定通货膨胀预期，维持价格稳定有助于促进宏观经济的稳定。随之而来的宏观经济波动下降应该有助于减少金融不稳定。这一观点也得到了伯南克与盖特勒（2001）的研究支持。他们认为，致力于稳定通货膨胀和产出的货币政策更有助于稳定资产价格，减少资产价格泡沫。确实，中央银行在稳定通货膨胀并降低经济周期波动方面取得的成功，即著名的"大稳健"，曾经使得政策制定者颇为自得地忽视了金融失衡的风险。

---

①　金融摩擦常常是由于信息不对称、合约执行成本高等因素造成的。罗高夫（Rogoff）在2010年指出，对于金融摩擦模型，在学术界，并没有统一界定，霍尔（Hall）在2011年把金融摩擦界定为资本提供者的收益与资本使用者的成本之间的价差。盖特勒（Gertler）等在2010年分析金融摩擦时，假定商业银行可以有效评估和监测企业，并且评估和监测企业的成本忽略不计。在商业银行可贷资金中，来自批发金融市场上的拆借资金的比重越大，金融摩擦越小。商业银行可贷资金完全来自批发金融市场上的拆借资金，可以看作根本不存在金融摩擦；商业银行的可贷资金完全不能从批发金融市场上拆借资金，可以看作金融摩擦严重到极点。霍尔（2011）的界定侧重于零售金融市场与价格的角度，而盖特勒等（2010）的界定侧重于批发金融市场与数量的角度。

货币政策越来越多地把重点放在政策利率这个工具上，即中央银行可以通过适当的公开市场操作来控制的短期利率。在这个政策选择的背后有两大假设。第一个假设，货币政策的实际效果是通过利率和资产价格来实现的，而非通过货币总量的直接影响来实现。第二个假设，所有利率和资产价格都通过套利机制联系在一起，因此，长期利率是由风险调整后的未来短期利率的适当加权平均值决定的，而资产价格是由基本面和未来收益流的风险调整贴现值决定的。基于这两大假设，中央银行只需要影响当前的短期利率和预期短期利率，所有其他利率和价格都会随之变动。中央银行还可以直接或间接运用一个透明的、可预见的规则达到上述目的，如使用泰勒规则，该规则将政策利率作为当前经济环境的函数。对多个市场进行干预，即同时干预短期和长期债券市场，不是多此一举就是相互抵触。

第四节

小　结

为了维持金融稳定，美国于 1913 年成立美国联邦储备体系，随着经济金融环境与经济观念的新变化，美联储的职责也发生变化。美联储的最终目标从最初的维持金融稳定，到追求物价稳定与促进充分就业，再到追求物价稳定，再回到追求物价稳定与促进充分就业，目前轮回到追求物价稳定、促进充分就业与维持金融稳定。

美国货币政策最终目标的轮回具有深刻的理论基础。成立初期，美联储维护金融稳定的政策框架主要受实质票据学说和美国当时实施的金本位制度的影响。根据实质票据学说，美联储的功能定位于提供弹性货币，以满足商业对流动性的需求，并最终实现维持金融和经济稳定的目标。即在商业活动扩张阶段，美联储向商业银行提供流动性，满足其货币信贷需求；在商业活动萎缩阶段，美联储则回收系统中的流动性从而降低信贷扩张能力。

大萧条之后，将就业作为货币政策目标的政策框架反映了宏观经济理论的发展。这一时期的宏观经济理论为理解货币政策如何影响实体经济和就业以及如何减少周期性波动奠定了基础。20 世纪 70 年代期间，在反通胀的过程中，中央银行实现物价稳定的实践所依据的是五种主要理论：货币数量论、菲利普斯曲线、自然失业率、理性预期假说与时间不一致问题。这五种理论都认为，中央银行在执行货币政策时，应遵循一种旨在维持较低且稳定的通货膨胀环境的合理规则。中央银行依据合理规则来执行货币政策有助于调控社会公众的预期，使社会公众相信中央银行将尽力使用货币政策来达到可能的最大效果，即实现长期物价稳定，而不是试图将失业率降到自然失业率水平以下。

在"大稳健"期间，美国的中央银行家认为，通过锚定通货膨胀预期，维持价格稳定有助于促进宏观经济的稳定。随之而来的宏观经济波动下降应该有助于减少金融不稳定，致力于稳定通货膨胀和产出的货币政策更有助于稳定资产价格，减少资产价格泡沫。在此期间，流动性问题，也就是长期资产与短期债务之间的潜在错配问题，并不被认为是宏观经济学的核心问题。诚如布兰查德（Blanchard）于2014年指出的那样，国际金融危机有一个明显的政策启示：政府应该把远离黑暗角落作为政策——宏观经济、金融监管或宏观审慎政策——的主要目标之一。基于此，就像伯南克于2013年指出的"虽然美联储把最终目标设定为追求物价稳定、促进充分就业与维持金融稳定"，但是，以目前的专业概念和技术水平去尝试建立一个模型来整合正常状态和系统风险可能还有一段距离。

第二章

理解美国货币政策框架的转型 *

在过去的 20 多年中，由于决策理念出现变革与经济环境发生变化，美国的货币政策框架也在转型。从实施可以预期但很少解释政策行动的泰勒规则，逐步过渡到实施明确政策目标、全面解释政策操作的通货膨胀目标制。在货币政策框架转型的过程中，美联储过度关注通货膨胀水平，善意忽视累积的房地产价格泡沫，最终引发金融危机与经济大衰退。

第一节

货币政策制定的两个框架

货币政策框架是货币政策制定的总体目标与策略。货币政策框架主要包括几个方面的内容：中央银行政策追求的目标；中央银行实现目标的政策工具；中央银行使用政策工具的战略；中央银行向公众沟通有关决策、意图、承诺等信息的方法。

斯文松（Svensson）在 2004 年指出，美联储制定货币政策时，涉及货币政策制定的两个框架：工具规则与目标规则。工具规则是指中央银行的政策工具是几个宏观经济变量的简单函数，这些经济变量可能是直接得到，也可能是间接得到。对美国而言，政策工具就是联邦基金利率，与之紧密联系的宏观经济变量包括通货膨胀率、目标通货膨胀率、实际国内生产总值、目标国内生产总值等几个

---

* 本章的主要部分以题为《美国货币政策框架转型研究》发表于《新金融》2016 年第 3 期，发表时的合作者是邓黎桥博士与刘玚博士。

变量，典型的工具规则就是泰勒规则。目标规则是中央银行明确要实现的目标变量，基于政策制定者预期中期内经济形势的演变，制定有效的货币政策。典型的目标规则是许多经济体采用的通货膨胀目标制。

工具规则与目标规则各有利弊。工具规则便于政策制定者操作，易于社会公众理解，为衡量货币政策立场提供基准参考，有助于与社会公众沟通政策的制定，提高货币政策信誉，但是，应对意外冲击时，会比较机械。目标规则本质上是最优控制问题，给出政策制定者的目标函数，在一定的假设条件下，根据对经济变化的预测，描述货币政策的最优路径。采用目标规则，中央银行的计划完全透明，并且让社会公众感到可信，但是，假设条件过于苛刻，要求政策制定者洞察一切，能够准确预测未来经济的发展变化，同时要求社会公众能够完全预测货币政策的未来路径。制定货币政策时，美联储会参考工具规则与目标规则。但是，随着美联储在数据收集、经济建模与经济预测等方面技术日益成熟，逐渐让目标规则发挥主导作用。特别是国际金融危机爆发以来，美国货币政策制定框架更加明确通货膨胀目标。

第二节

泰勒规则及其在美国的运用

泰勒规则描述的是短期利率如何针对通货膨胀率和产出变化调整的指导性准则，而不是机械性原则。从1995年起，无论是公开市场委员会评估当前政策立场，还是预测未来政策变化路径，美联储都会参考各种版本的泰勒规则。

（一）泰勒规则公式

泰勒规则是美联储制定货币政策时遵循的拇指法则。在1993年，约翰·泰勒（John B. Taylor）讨论美国货币政策是遵循规则还是相机抉择时，提出美国在1987～1992年，美联储的决策和他的公式描述基本一致，这表明美联储非常可靠地遵循了一个基于通货膨胀和产出的简单规则，这个规则就是泰勒规则。

泰勒规则的标准版本可以表示为：$r = p + 0.5y + 0.5(p - 2\%) + 2\%$。

其中，r 表示联邦基金利率，p 表示通货膨胀率，y 表示产出缺口，也就是实际国内生产总值和目标国内生产总值的相对偏差，美联储目标通货膨胀率是2%。美联储的目标国内生产总值是指在劳动力和资本完全使用的情况下，美国经济的产出水平。根据泰勒规则，美联储应该以 0.5% 的加息作为基准来收紧货币政策。也就是说，相对应通货膨胀每上升 2%，或者产出缺口每增加 2%，联邦基金利率就上升 1%。

作为一个重要的货币政策框架，泰勒规则以其规则简洁、表述准确等特点，受到学术界和决策层的广泛关注。后续的研究对泰勒规则不断进行修正和扩展，形成一系列将利率的目标制设定为各种通货膨胀缺口与产出缺口的函数的利率规则，即所谓的"泰勒规则"。

（二）泰勒规则与相机抉择

泰勒规则并不是机械的规则，只是政策指南。在复杂的情况下，美联储不能只遵循一条简单的工具规则。比如，在制定货币政策时，通常需要观察数个价格衡量数据，比如消费者价格指数、生产者价格指数或者雇主成本指数等，才能解释价格水平上升是暂时的还是持久的。除此之外，观察期货市场上的通货膨胀预期、利率结构、调查或其他分析人士的预测也会有帮助分析价格水平变动的原因。再比如分析经济增长速度和潜能，需要观察生产力、劳动参与率，还有自然失业率的变化。虽然量化的方法可以帮助分析这些问题，但是很难把所有数据包含在一个准确的代数公式里面。因此，中央银行并不能机械地遵循泰勒规则，而需要一定的相机抉择，以应对意外的冲击。

（三）泰勒规则在美国的运用

美联储讨论货币政策时，会参考泰勒规则。鲁迪布什（Rudebusch）是最早运用泰勒规则分析经济政策的美联储官员；后来成为美联储副主席的科恩（Kohn）在 1993 年春去斯坦福大学作访问教授期间，就开始讨论泰勒规则；1995

年春，时任美联储理事耶伦（Yellen）参考泰勒规则，评估联邦基金利率是否处于合理水平；1995 年 8 月，科恩建议泰勒修正泰勒规则，当年 9 月，泰勒访问美联储 3 天，同年 11 月，美联储开始总结各种版本的泰勒规则，12 月，泰勒与格林斯潘及其他美联储官员讨论泰勒规则。从 1995 年之后，美联储公开市场委员会委员经常把泰勒规则为货币政策制定提供指引。公开市场委员会委员会议记录显示，从 1995~2003 年，无论是公开市场委员会评估当前政策立场，还是预测未来政策路径，都会参考各种版本的泰勒规则。

在公开场所，美联储前主席格林斯潘表达了采用相机抉择而不采用政策规则的政策取向。普遍认为，格林斯潘制定货币政策时约束最小化、灵活性最大化，实施很少解释货币政策操作的相机抉择。当然，不管是政策会议上提及泰勒规则，还是格林斯潘公开表示采用相机抉择的政策倾向，都不足以判断泰勒规则对美联储的货币政策决定是否发挥作用。

考察泰勒规则对美国货币政策是否发挥影响的一个分析方法是，检验泰勒规则与美国联邦基金利率的相关性。泰勒于 2003 年指出：经验表明，格林斯潘执掌美联储之后相当长的时期，泰勒规则成为美联储货币政策操作的政策指南，从 1987~2003 年，特别是在 1987~1992 年，美联储的决策和泰勒规则描述的基本一致，这表明美联储非常可靠地遵循了一个基于通货膨胀和产出的简单规则，甚至连格林斯潘都开玩笑说"在发现泰勒规则方面，美联储功不可没"，也就是说，在实践中，美联储采取的是"从不解释，但可以预期"的泰勒规则。但是，2000 年之后，美联储采用具有相当相机抉择权的通货膨胀目标制。

第三节

通货膨胀目标制及其在美国的运用

从 2003~2005 年，美联储的货币政策显著偏离泰勒规则。事实上，在过去 20 多年间，特别是伯南克执掌美联储以后，美联储不断增加透明度，加强与社会公众的沟通，美联储的货币政策框架逐步地从泰勒规则向越来越成为主流的通货膨胀目标制转型。

（一）　通货膨胀目标制的含义

通货膨胀目标制是中央银行公开宣布一个或者多个时限内的官方通货膨胀的数值目标（或者目标区间），同时，承诺稳定的低通货膨胀是货币政策的首要长期目标。通货膨胀目标制的货币政策框架包括以下几个要素：公开宣布中期的通货膨胀目标数值；在制度上承诺将物价稳定作为货币政策的长期和首要任务，并保证预定通货膨胀目标的实现；综合运用各种信息来制定策略；中央银行与公众和市场的信息沟通，及时向他们提供关于货币当局的计划和目标的有关信息，提高货币政策透明度；提高对中央银行完成其通货膨胀目标的责任约束。

通货膨胀目标制是中央银行受约束的相机抉择：一方面，在基于通货膨胀目标制的货币政策框架中，中央银行结合经济结构模型的预测与资深经济学家的主观判断，做出经济预测，并描述其将预测拉近目标的策略，来实现价格稳定的目标；另一方面，在实际操作中，通货膨胀目标制给决策者相当程度的相机抉择权，增强中央银行对短期宏观经济状况做出有效反应的能力。根据货币政策对价格稳定承诺的清晰度和货币政策可信度两项指标，通货膨胀目标制可以分为正式通货膨胀目标制、折中通货膨胀目标制和初始型通货膨胀目标制。早在 1989 年，新西兰在全球率先实施通货膨胀目标制，而后，这种货币政策框架成为学术界与决策层讨论的热点，截至 2012 年，已经有 25 个经济体采用通货膨胀目标制。

总而言之，通过设定既定数字的通货膨胀目标与决策者向社会公众解释政策操作的理由，通货膨胀目标制可以提供一个透明的框架，加强中央银行与公众的沟通，帮助公众预测未来一段时期内中央银行可能采取的措施，完善了通货膨胀预期的机制，为经济结构变化和提升货币政策效率做支撑，从而提高货币政策的有效性。

（二）　通货膨胀目标制与相机抉择

在向通货膨胀目标制过渡的过程中，美联储相机抉择货币政策操作。国际金融危机之后，美联储向通货膨胀目标制完成转型，货币政策框架的改变表现在几个方面：美联储明晰追求目标，也就是物价稳定与充分就业的具体数值；传统政策工具（联邦基金利率的目标水平）受到约束之后，启用量化宽松与前瞻指引等非传统货币政策；传统政策工具受到约束之后，非传统货币政策的绩效不稳定时，提供实现合意通货膨胀率与合意失业率的信息；向金融市场提供更多的信息，主要包括联邦公开市场委员会的声明、介绍长期目标与政策战略的详细声明、季度经济展望摘要的介绍、货币政策立场的评估等。在此过程中，美联储相机抉择货币政策操作，不断修正前瞻指引，导致公众很难判断政策延续日期的改变，错误引导市场预期，损害中央银行的信誉。

（三） 通货膨胀目标制在美国的运用

在过去 20 余年里，美国货币政策制定框架逐步从泰勒规则向通货膨胀目标制转型。从 20 世纪 90 年代后期，美联储制定货币政策逐渐偏离泰勒规则，向通货膨胀目标制过渡。为了防止通货膨胀的出现，从 1994 年 2 月，美联储将联邦基金利率几次升息，到 1995 年 2 月，联邦基金利率达到 6%，采取上调利率措施提前控制通货膨胀，结果是通货膨胀小幅下跌。尽管在 2001 年 3 月，经济步入周期的波峰，但是为了扭转互联网泡沫破裂之后的经济形势，美联储于 2001 年 1 月，降低联邦基金利率 1 个百分点，然后在经济衰退确实之前，降低联邦基金利率 3.5 个百分点。尽管受到 "9·11" 恐怖袭击、安然等公司丑闻与伊拉克战争的一系列冲击，增加了不确定性、损伤了企业投资信心、给信贷市场造成负面影响，但是，由于美联储采取前瞻性货币政策，最终，美国的经济衰退比较温和，物价比较稳定。

美联储不断加强信息沟通与提高自身透明度（见表 2-1）。信息沟通成为对经济发挥影响力的独立工具，从 1994 年起，美联储加强关于货币政策计划的信息沟通，每次联邦公开市场委员会会议之后立即发表正式声明，披露货币政策的调整。1994 年 2 月，联邦公开市场委员会发布了一份会后声明，披露货币政策的调整。提高透明度的趋势在 21 世纪早期加速。从 2000 年开始，联邦公开市场委员会在每次会议后发布对经济前景的展望，报告对经济运行风险平衡的评估，以及在未来调整联邦基金利率的倾向。在受到国际金融危机的冲击导致经济衰退之后，实施中央银行升级版的信息沟通——前瞻指引，透露关于未来政策利率调整路径的信息。

表 2-1　　　　　　　　　　　　　美联储信息沟通的创新

时间	创新	目的
1994 年 2 月	联邦公开市场委员会发布会后声明	提供联邦公开市场委员会会议参与者的观点
2000 年 2 月	发布经济前景展望	报告对经济运行风险平衡评估，以及在未来政策利率调整的倾向
2005 年 12 月	发布会议纪要的时间缩短到 3 周	更及时地提供联邦公开市场委员会会议参与者的观点
2007 年 10 月	发布经济展望总结	提供联邦公开市场委员会经济展望的信息
2009 年 1 月	发布更长期经济展望总结的附录	提供联邦公开市场委员会对经济更长期展望的信息
2012 年 1 月	发布长期目标与政策战略的声明	提供目标通货膨胀率与目标失业率的信息

资料来源：笔者根据美联储官方网站整理。

为使公众更加清楚委员会的目标，2012 年 1 月，美联储编写和发布了关于长期目标和货币政策策略的声明。该声明首次陈述了联邦公开市场委员会认为符合其双重使命的通货膨胀率和失业率水平。具体而言，符合委员会的价格稳定使命的长期通货膨胀目标是 2%，委员会各成员对于长期正常失业率的估计值趋向于5.2% ~6%，并强调其为达到目标采取的平衡性手段。

综上所述，美国货币政策制定框架逐步从泰勒规则向通货膨胀目标制的转型经历几个步骤：美国货币政策制定逐步偏离泰勒规则，只管去做地（Just do it）实施通货膨胀目标制，在此进程中，美联储不断加强与公众的信息沟通，提高美联储的透明度，最后，美联储明确追求的长期通货膨胀目标值。

第四节

从泰勒规则向通货膨胀目标制转型的逻辑

尽管产出缺口与通货膨胀提供很多有价值的经济信息，但是，机械地遵循泰勒规则使货币当局无法应对不可预测的情况。为了适应经济环境的变化与提高货币政策的有效性，需要实施通货膨胀目标制。

（一）运用先发制人的货币政策，消除货币政策传导时滞的负面作用

货币政策影响经济是在较长的时滞之后。依据泰勒规则，需要基于当前观测到的通货膨胀率与产出值而调整联邦基金利率，考虑到货币政策发挥效力存在一定的滞后期，在通货膨胀（或者产出）的当前值与预测值之间存在差异时，根据泰勒规则调整货币政策操作，有可能加剧经济波动。

有效的货币政策必须考虑到目标变量的预测值，而非当前值。也就是说，货币政策发挥作用具有滞后性，因此，政策决策必须具有前瞻性而先发制人，在通货膨胀或者通货紧缩出现之前，货币政策已经采取应对措施，经历一段时间后，通货膨胀的实际值接近目标值。实施通货膨胀目标制的本质是需要货币政策制定者具有前瞻性，而不是像泰勒规则一样局限于当前的经济情况。

（二）引导市场参与者预期，提高货币政策有效性

对联邦公开市场委员会过去行动的细致分析，固然能够充当未来政策的良好向导，但作为增强透明度的替代办法依然存在两方面的缺陷：首先，在研究委员会行动方面更为老练的市场参与者能获得一定优势，这种局面对政府机构的工作而言显然是不合适的；其次，虽然像泰勒的研究得出的政策规则，可以在大多数时候有效解释联邦基金利率的变动，但仍有某些难以解释的情况，即使专家也未能正确预测委员会的行动。

加强中央银行信息沟通和增加中央银行透明度引导市场参与者预期。家庭购房与企业投资等重要的经济决策主要取决于长期利率。长期利率受当期政策利率与金融市场参与者预期未来政策利率的演变。在金融市场运行良好的情况下，如果中央银行的承诺可信，同时，市场参与者的预期正确，只要中央银行对未来货币政策立场的表述清晰，市场参与者就会充分理解货币当局政策的真正意图，从

而形成理性预期，影响中长期利率，进而促进家庭消费与企业投资做出相应的改变（郭强等，2015）。

（三）实施通货膨胀目标制，提高中央银行的信誉度与灵活性

通货膨胀目标制是具有约束的相机抉择政策框架。泰勒规则遗漏许多构成有效政策的相关因素，机械地遵循泰勒规则，束缚了中央银行的双手，使得美联储对系统外部冲击束手无策；尽管产出缺口与通货膨胀提供很多有价值的经济信息，但是，它们也包含一些随机噪声，比如天气对经济的影响，而基于泰勒规则，货币政策可能对这些噪声产生过度反应；除此之外，在经济陷入深度衰退、通货紧缩时，根据泰勒规则，政策利率要下调到负值，现实操作中，把政策利率定为负值基本上不具有可行性，在这种情况下，泰勒规则并没有提出有价值的建议。

过于灵活地采取相机抉择政策，收益是短期的，但是成本是长期的。虽然有助于短期内的经济增长与就业增加，但是从中期与长期来看，会出现高通货膨胀的现象。采用具有约束的相机抉择政策框架，折中了政策规则与相机抉择，保证中长期政策行动受到严格的纪律约束，同时在短期内，给货币当局留足对宏观经济波动做出反应的空间，从而提高政策的信誉度与灵活性。

（四）适应经济环境出现的新变化

从2004年起，长期债券的收益率的变化与联邦基金利率调整"脱钩"。在正常时期，市场参与者在金融市场上套利，使得长期债券的收益率的变化与联邦基金利率调整呈现正相关关系。但是，从2004年起，由于几个方面的原因导致美国长期国债的收益率处于下降趋势，比如，对经济前景比较悲观；人口老龄化导致养老基金和保险公司在投资组合中加大对长期债券的份额；其他国家中央银行购买大量美元债券；全球商品、服务和金融市场的扩大导致通货膨胀率降低，与通货膨胀相关的风险溢价随之降低，这种溢价的降低反映在市场上，就是名义和实际长期利率的大幅度下降。结果导致，美联储自2004年6月以来经数次加息

后到 2005 年 6 月，美国联邦基金利率从 1% 提高至 3.25%，但同期美国 10 年期国债收益率却从 4.7% 左右降至 4.0% 左右，下降了 0.7 个百分点，造成美国 10 年期国债与联邦基金利率之间的利差进一步走低。

经济环境和金融市场不断发生变化，而美国的中央银行家并不能完全理解其运行方式。为了应对不可预期的冲击，美国的货币政策需要能够更多地依赖市场的自发调节行为，尽可能地保持高度的灵活性和弹性。

第五节

美国货币政策框架转型引发金融危机？

迄今为止，关于货币政策是否偏离泰勒规则，以及由于美国的货币政策对泰勒规则的偏离是否引发金融危机等问题，泰勒与伯南克仍在争论不休。

（一）货币政策偏离泰勒规则引发金融危机

根据泰勒（2007）的研究，在美联储的调控下，联邦基金利率在 2003 年降至谷底 1%，并维持到 2004 年，此后开始逐步上升，直至 2006 年。美联储在 2003~2006 年决定将其目标利率维持在低于过去 20 年来遵循的泰勒规则所隐含的利率水平上，联邦基金实际利率较根据泰勒规则所计算的利率低约 200 个基点，这一决策视为对泰勒规则的偏离，导致利率将达到非常之低的水平，并且缓慢地达到中性利率水平。这次偏离是大稳定时期的最严重的政策偏离：美联储维持低利率的时间太长，导致实际利率在很长一段时间内为负。低利率助长了住房市场的繁荣，这反过来又导致住房融资中的过度冒险行为，最终引发大面积债务拖欠、止赎以及许多金融机构的资产负债表因不良资产迅速增长而恶化。在保持低利率的情况下，促使社会公众为寻求高收益而冒险，这是引发房地产市场"繁荣—崩溃"周期，最终到金融危机的主要因素，为了检验低利率和住房市场繁荣之间的关系，泰勒（2007）建立了一个反事实模拟的模型，将联邦基金利率与住房建设联系起来，研究结果表明，更高的联邦基金利率本可以在很大程度上避免住房市场的繁荣和萧条。2015 年 4 月，与伯南克共同出席国际货币基金组织举办

的"反思宏观经济政策"学术研讨会的小组会议上，泰勒重申，在 2003 ~ 2005
年，联邦基金利率过低是导致金融危机与大衰退的关键因素。

（二）货币政策没有偏离泰勒规则，引发金融危机另有起因

为了检验泰勒法则的有效性，伯南克（2015）对泰勒法则做出了两点修正。
首先，伯南克对泰勒法则中通货膨胀率的计算方式做了调整。在美联储实际操作
中，一直更倾向于将消费者价格的变化作为通货膨胀指标，其中最为重要的是个
人消费支出价格指数。美联储为个人消费支出设立目标水平，并将核心个人消费
支出价格指数视为中期通货膨胀趋势的参考。因此，泰勒用个人消费支出价格指
数替代了传统泰勒法则的通货膨胀指标。其次，修正了通货膨胀缺口和产出缺
口。在原版泰勒法则中，0.5% 的利率调整直接对应 1% 的通货膨胀缺口和产出缺
口。而在实际中，货币政策决策者更倾向于接受更大的通货膨胀变量，以换取更
为稳定的产出状况。因此，就伯南克的观察来看，美联储更乐于接受 1.0% 的利
率调整对应 1% 的产出缺口，这可以更好地反映通货膨胀和就业情况。

修正版的泰勒法则表明，在过去 20 年，根据泰勒规则而得到的理论利率与
美联储制定的实际利率保持十分高的契合度。在 2002 ~ 2006 年也并没有出现利
率过低情况。因此，泰勒规则所推荐的明显负利率并不符合实际情况，美联储维
持的利率水平保证了连续性与合理性。虽然较低的还款额使得更多的人进入房地
产市场寻求财富，但是，房地产泡沫最重要的根源是越来越多地使用更为复杂的
抵押贷款形式以及降低了相关贷款发放标准与国际资本流入。最终，房地产泡沫
的破裂触发金融危机。

（三）货币政策是否引发国际金融危机的共识与分歧

早在 2004 年，伯南克就坦承，房地产价格对长期利率极其敏感，长期利率
降低刺激家庭购买住房，从而造成房地产价格上涨，房地产投资增加。如果出现
房地产价格泡沫，根据历史经验，美国的中央银行家认为实施紧缩性的货币政策

未必能有效抑制投机活动，而逆风向调节资产价格泡沫会严重损害实体经济，因此，需要善意忽视资产价格泡沫，事后清理资产价格泡沫是最优选择。

无论是伯南克还是泰勒，他们的共识是：较长时期采用低利率政策会导致房地产价格上涨，国际金融危机最直接的原因是房地产泡沫破裂。分歧在于：泰勒认为，货币政策长期偏离泰勒规则，导致联邦基金利率过低，助推按揭买房潮，进而导致了住房按揭贷款风险上升并最终导致了逾期债款的急剧增加，随着不良资产剧增，众多金融机构的资产负债表变得越来越脆弱，货币政策长期偏离泰勒规则，导致联邦基金利率过低，这是导致金融危机与大衰退的关键因素；而伯南克认为，货币政策对房地产价格的上扬没有起到关键作用，房地产价格主要受相关贷款发放标准的降低与国际资本流入的影响。

事实上，在金融危机爆发之前，美联储货币政策偏离泰勒规则与国际资本流入美国都显著地加速了房地产价格上涨，也就是说，美联储货币政策偏离泰勒规则与国际资本流入美国的共同作用导致房地产价格泡沫。根据泰勒的分析逻辑，联邦基金利率过低，导致可变利率住房按揭贷款的增加，而根据伯南克的分析逻辑，各国中央银行购买大量美元债券，国际资本大量流入美国，使得长期利率下降，导致固定利率住房抵押贷款的增加。

第六节

小　结

从 20 世纪 90 年代中期起，由于决策理念出现变革与经济环境出现变化，美国的货币政策框架出现转型。根据经验数据，可以看出，从 1995～2003 年，无论是公开市场委员会评估当前政策立场，还是预测未来政策路径，美联储都会参考各种版本的泰勒规则。从 2003～2012 年，美联储只管去做地实施通货膨胀目标制，2012 年美联储公开发布关于长期目标和货币政策策略的声明，明确了通货膨胀目标制。

泰勒规则便于政策制定者操作，易于社会公众理解，为衡量货币政策立场提供基准参考，有助于与社会公众沟通政策的制定，提高货币政策信誉，但是，它在应对意外冲击时，会比较机械。采用通货膨胀目标制，中央银行的行动计划完全透明，并且让社会公众感到可信，但是，假设条件过于苛刻，要求政策制定者洞察一切，能够准确预测未来经济的发展变化，同时要求社会公众能够完全预测货币政策的未来路径。在不确定的世界，货币政策制定者受到信息约束，中央银行家有很多不懂和无法预知的事情，也有太多不期而至的突发事件，因此，他们只能非常有限地引导市场预期。在货币政策制定过程中，为了提高信誉度，决策者既要遵循一定的规则，还要结合专家的主观判断。

有趣的是，在美国货币政策框架转型的过程中，泰勒与伯南克对是否由于货币政策失误导致国际金融危机还存在争论。但是，除了长期维持低利率刺激房地产价格上涨之外，美联储还没有尽责维持金融稳定，从而酿成金融危机，最终导致经济大衰退。从中得出的一个教训是，货币政策目标不能只考虑通货膨胀偏差，中央银行还应关注资产价格上涨和信贷发展态势，以防止信贷驱动型的资产价格泡沫破裂给金融稳定带来冲击，这对于中国货币政策框架的转型与未来的发展具有重要的启示意义。

第三章

货币政策与资产价格泡沫：
美国中央银行家的言与行 *

资产价格剧烈波动，会影响财富总量，进而造成消费支出变化；也会影响资本成本，使得投资支出波动；还会显著增加金融体系的不稳定性，从而导致经济活动出现大幅度下滑。因此，货币政策如何应对资产价格波动是中央银行家关注的问题。在2007～2009年国际金融危机爆发之前，美国中央银行家关注的重点是股票价格泡沫，从他们的研究成果和操作经验来看，美联储不把资产价格波动作为直接目标；但是，从2007～2009年国际金融危机爆发至今，美国中央银行家关注的重点是房地产价格泡沫，他们反思了如何干预资产价格波动，修正了危机前的一些看法。

第一节

处理资产价格泡沫的两种货币政策：传统战略和超常战略

伯南克与盖特勒（2000）指出，在一个资本市场完全有效、没有管制干预的世界里，资产价格不过是经济基本面的简单反映。在这种情况下，中央银行不应关注资产价格；在非基本面因素左右资产价格时，并且资产价格波动对经济整体具有潜在的重大影响时，中央银行应该关注资产价格。而非基本面因素影响资产价格的两个根源：一是金融监管制度失策；二是投资者的不完全理性，比如羊群

＊ 本章的主要部分以题为《货币政策与资产价格泡沫：美国中央银行家的言与行》发表于《金融评论》2011年第4期，发表时的合作者是谭小芬博士与李向前博士。

效应、过度乐观行为、短期行为等。

科恩（2006）把应付可能发生的资产价格泡沫的货币政策战略划分为两种，即"传统战略"和"超常行动（extra action）战略"。根据传统战略，中央银行不会试图运用货币政策影响资产价格的投机成分。相反，中央银行只是发现资产价格变动对未来的产出和通货膨胀有影响时，才会对其进行反应，而不管是否由基本面因素推动的资产价格变动。

实施超常行动战略要求中央银行应敏锐把握资产泡沫的发展，采取超出传统战略的紧缩性政策，以抑制泡沫规模的扩张，并减轻通货紧缩的后果。如果同时满足三个条件，采取超常行动战略也许是合理的。这三个条件是：第一，货币政策制定者必须对及时地识别泡沫很有信心；第二，中央银行实施紧缩性的货币政策可以抑制投机活动的进一步蔓延；第三，削弱资产价格的结果，必须足够改善未来的经济绩效。但是，从实践来看，在一个不确定的世界，同时满足三个条件的可能性极小（科恩，2006）。

第二节

2007～2009 年国际金融危机之前：实施传统战略

由于资产价格的波动影响经济活动，因此，货币当局需要应对资产价格的变化。需要指出的是，中央银行如何应对资产价格波动的问题，是在稳定通货膨胀与实现充分就业之外，是否需要应对资产价格波动。也就是说，为了减少资产价格泡沫崩溃对经济的打击，货币政策应该是纵容，还是减缓资产价格泡沫的膨胀？从理论研究和实际操作来看，由于美国的中央银行家相信资本市场有效，不能确定同时满足实施超常战略政策的三个条件，在 2007～2009 年国际金融危机爆发之前，支持采取传统战略的货币政策。

（一）决策者必须对及时地识别泡沫很有信心

在资本市场上，资产价格由基本面因素和非基本面因素共同影响（伯南克和盖特勒，2000）。基本面因素包括利率高低或者技术进步之类的因素；非基本面因素主要是指动物精神。

从资产定价来看，根据股利贴现模型，资产的内在价值（V）是投资者从资产上获得全部现金回报的现值，可以表示为：

$$V = \frac{D_1}{1+k} + \frac{D_2}{(1+k)^2} + \frac{D_3}{(1+k)^3} + \cdots$$

其中，D_i 表示第 i 年年末的红利，k 表示折现率。格林斯潘（1999）指出，从资本利得的角度来看，由于技术进步，特别是运用信息技术，从会计核算的角度来看，不易评估股票期权与企业成本，这往往导致企业利润增加，进而推动股票价格的上涨，资本利得不断增加。从折现率的角度来看，折现率是由市场参与者的偏好、风险喜恶及市场的不确定性等决定的，而这些因素千差万别，因此，中央银行并不能准确把握折现率及其变化。基于上述分析，中央银行家很难判断资产的内在价值，因而，不能识别资产价格泡沫。

从资产价格泡沫的形成过程来看，格林斯潘（1999）认为，在经济扩张的背景下，如果一国的生产率加快增长，未来的利润水平和发展潜力将会得到提升，容易产生乐观情绪，进而促使资产价格达到一个不可持续的高度。难以准确区分资产价格中由基本面因素决定的资产价格与乐观情绪决定的资产价格泡沫。

一些指标通常是衡量资产价格泡沫的工具，直观来看，资产价格泡沫膨胀总会破裂，但是，博尔多（Bordo）等于2002年的研究表明，在24次资产价格暴涨之后，只有3次崩溃。从市盈率等指标来看，由于制度的变迁、税收的不同、通货膨胀率的差异、潜在增长率的区别等因素，使得用市盈率等指标衡量资产价格泡沫也不太可信。最大的难题是，在使用市盈率等指标评估股票的基础价值（fundamental value）时，不可避免地要假定合适的股票溢价（equity premium），而事实上，经济学家对股票溢价的了解甚少（伯南克，2000）。因此，运用市盈率等指标衡量股票价格，难免会出现偏差。

从市场信息的角度来看，在米什金（Mishkin）看来，中央银行并不比市场参与者拥有更多的信息优势。如果中央银行没有信息优势，假定它觉察已经形成资产价格泡沫，那么市场参与者也会知道这一事实，资产价格泡沫就会崩溃，因此，中央银行识别出的资产价格泡沫并不可能继续膨胀。

总而言之，很难确认不可持续的资产价格泡沫，只有等到资产价格泡沫崩溃后，才知道资产价格具有泡沫（格林斯潘，1999）。中央银行对房地产价格和股票价格过高的判断都未必准确（科恩，2006）。

（二）中央银行实施适度的紧缩性货币政策可以抑制一些投机活动的蔓延

长期的扩张促进投资者加大承担风险的意愿，这是紧缩性货币政策所不可避免的。事实上，过去 15 年的经验表明，在没有损害经济活动的前提下，促使股票价格下跌的紧缩性货币政策往往伴随着股票价格水平的上涨。例如，在 1994 年 2 月，美联储上调联邦基金利率 300 个基点，股票价格开始走平，但是，刚完成那轮紧缩政策，股票价格就大幅度上涨。从 1999 年年中到 2000 年 5 月，联邦基金利率提高了 150 个基点。但是，股票价格在此期间，基本上是一直上涨。这些事实表明，只有把短期利率提高到造成经济严重紧缩的程度，才能抑制资产价格泡沫。及时紧缩货币政策，以防止 20 世纪 90 年代泡沫的形成，只是一个幻想（格林斯潘，2002）。

从理论上看，中央银行对投机泡沫的驱动因素及货币政策的作用知之甚少；从实证来看，缺少利率和股票价格变动的数量关系。由于中央银行和投资者都不能确定企业未来利润的走势，同时，如果是乐观情绪而不是货币宽松导致资产价格进一步上涨，在这种情况下，没有理由把联邦基金利率提高 50 个甚至 100 个基点，如果提高联邦基金利率，那么就会打击对具有潜在利润的新兴技术企业的投资（科恩，2006）。

根据米什金（2007）的研究，利率对资产价格泡沫的影响具有高度的不确定性：虽然一些理论模型表明，提高利率可以抑制资产价格膨胀的加速，但是，还有一些研究表明，提高利率可能导致资产价格泡沫崩溃得更为严重，甚至严重损害经济。

（三）削弱资产价格泡沫的结果，必须足够改善未来的经济绩效

虽然泡沫破裂对经济基本没有益处，但是也并非毁灭性的（格林斯潘，

1999）。格林斯潘（2002）指出，泡沫破裂危险的情况出现在，一个毫无保证的、乐观情绪驱动的资产价格上涨到不能支撑的程度，即使未来的风险变得相对较小。当出现不可避免的调整时，这种偏离基本面的资产价格泡沫给经济带来很多问题。从最近的经验中可以认为，采取紧缩性的货币政策以挤破资产价格泡沫，其成本高、风险大，但是，并没有抑制资产泡沫继续膨胀及防止具有破坏性后果的政策措施。为了刺破泡沫，需要实施严厉的紧缩性货币政策，利率急剧上升从而造成经济衰退，其损失可能超过"泡沫自然膨胀—破灭"带来的潜在损失。因此，货币政策不应将资产价格作为目标，也不要试图刺破资产泡沫，中央银行的占优选择是所谓"事后救助"策略（mop-up-after-strategy），即通过及时注入充足的流动性缓解资产泡沫破裂对经济形成的冲击（格林斯潘，2004）。

从识别资产价格泡沫的角度来看，中央银行对房地产价格和股票价格过高的判断都未必准确，而误判资产价格泡沫的成本很高，后果很严重——如果应对一个不存在的泡沫的资产价格，会导致经济活动和通货膨胀低于合理水平。一旦认识到决策失误，中央银行家就会采取措施，使得经济较长时间过热，恢复通货膨胀水平，以弥补初始决策失误的损失。认识到初始决策失误与认识到资产价格与经济的基本面吻合需要一定的时间。因此，在这个过程中，难免会降低福利，引发宏观经济波动。时机也是一个问题。即使中央银行家非常自信存在资产价格泡沫，由于货币政策传导机制和泡沫存在期限的不确定性，提高利率往往加剧了不稳定的风险（科恩，2006）。

从资产价格泡沫崩溃的经典案例来看，米什金（2007）研究了日本股市崩溃的过程，从中汲取的一个教训就是，中央银行遇见资产价格泡沫，不是阻止它，而是在其破裂之后迅速做出反应，这样可以把资产价格泡沫崩溃的负面影响保持在可控的水平。

总而言之，在2007～2009年国际金融危机爆发前，美国的中央银行家认为货币政策不应把资产价格作为直接目标。根据伯南克与盖特勒（2000）的理论模型，仅关注商品和服务价格稳定目标的货币政策表现最好。因此，他们认为货币政策对资产价格关注的程度，仅限于应对资产价格对通货膨胀预期的影响。在格林斯潘（2005）看来，中央银行很难在短期内以资产价格为目标。不过，不排除在未来可以提高对资产价格行为的认识，结合对资产价格行为的认识，实施货币政策。而根据米什金（2003）的看法，中央银行应该对资产价格作出反应，以阻止泡沫膨胀的看法，具有严重的缺陷。对货币政策制定者来说，货币政策对资产价格关注的程度，仅限于应对资产价格对通货膨胀预期的影响。

第三节

2007～2009年国际金融危机之后：反思传统战略

虽然自从网络泡沫破灭后学者对资产价格泡沫进行了大量研究，但是，在资产价格泡沫何时产生，为什么会产生，及泡沫怎样才能不再继续膨胀等方面还有很多不足。学者们的研究结果大相径庭，并不能给决策者提供建设性的建议（伯南克，2010a）。但是，2007～2009年国际金融危机爆发至今，美国的中央银行家对如何干预资产价格波动进行了深刻的反思，对有效市场有所质疑，修正了以前的分析结果，他们认为，中央银行可以识别有些资产价格泡沫；资产价格崩溃后，影响非常严重；中央银行需要加强金融监管以抑制资产价格泡沫。

（一）决策者必须对及时地识别泡沫很有信心

尽管从市场信息的角度来看，决策者并不比市场参与者的信息多，如果决策者认识到有资产价格泡沫，市场参与者也会认识到这个情况。即使存在泡沫，市场参与者不挤掉泡沫的原因可能是，他们尽可能运用泡沫低价买入，在泡沫破裂前卖出，以获取资本利得（科恩，2008）。但是，从实证分析的角度来看，在21世纪的前5年，房地产价格和住房抵押贷款不断快速上涨，引发人们对房地产价格上涨的可持续性进行讨论，研究结果不尽相同。麦卡锡和皮奇（McCarthy and Peach，2005）的研究表明，即使在2005年年底，房地产价格也完全可以由经济基本面因素解释；而加林（Gallin）在2004年研究房租和房地产价格的数量关系时认为，在2004年年初，房地产市场明显被高估。这表明中央银行能够识别一些资产价格泡沫。

米什金（2010）把资产价格泡沫分为两类。第一类为"信贷繁荣泡沫"（credit boom bubble），即人们对经济前景的过度乐观，或者金融市场上的结构性变革，导致信贷激增。由此造成的某些资产需求上升，推动价格随之上涨，这反过来又鼓励与这些资产相关的放贷，进一步推高需求和价格，形成正反馈回路。在这个反馈回路中，杠杆增加，信贷标准进一步放宽，接着杠杆再增加，就这样周而复始。第二类泡沫为"纯粹的非理性繁荣泡沫"（pure irrational exuberance bubble），这种类型的泡沫由过度乐观的预期所驱动。正如米什金（2011）所指出的那样，"信贷繁荣泡沫"比"纯粹的非理性繁荣泡沫"更容易识别，从市场信息的角度来看，金融监管者和中央银行拥有贷款人放松其贷款标准的信息，鉴于此，难以识别资产价格泡沫并不构成反对实施货币政策超常战略的理由。难以识别"纯粹的非理性繁荣泡沫"：事后分析容易，事前预测可不简单。

在2007~2009年国际金融危机爆发之前，美国的中央银行家相信资本市场是有效的，因此，中央银行并不比市场参与者拥有更多的市场信息，中央银行并不能识别资产价格泡沫，但是，危机之后，他们认识到可以识别一些资产价格泡沫的方法。

（二）中央银行实施适度的紧缩性货币政策可以抑制一些投机活动的蔓延

虽然中央银行清楚利率在公司股票、房地产和其他资产的基本价值中发挥重要作用，但是，无论从理论还是实证的角度来看，利率对资产价格的投机成分的影响目前还不清楚（科恩，2008）。从通过利率渠道影响房地产价格的实证研究结果来看，根据加林（2004）的研究，房地产价格对短期利率和长期利率的敏感性很弱，这意味着利率可能需要大幅度上调才会对房地产价格有较大的影响。一个例证是，如果始于2003年的投机加剧，那么在2004年中期，上调联邦基金利率为什么没能有效抑制投机？即使联邦基金利率已经正常化，还在发放次级贷款，这显示出金融市场存在很多缺陷。

根据米什金（2008）的研究，尽管有些理论模型认为，提高利率可以减少资产价格的加速，但是，提高利率抑制泡沫可能是无效的，因为市场参与者预期从购买泡沫驱动的资产获取高额收益率。另一种看法是，泡沫往往偏离正常行为，在异常条件下，运用货币政策的常用工具经常是无效的。事实上，中央银行不知道货币政策措施对资产价格泡沫的影响。另外，并非所有的资产都有泡沫，只有一部分资产价格可能出现泡沫，而货币政策的目标是维护价格稳定，鉴于此，运用货币政策干预资产价格泡沫是一个笨拙的工具。而格林斯潘（2010）从房地产价格泡沫形成的原因进行分析，认为美国房地产价格泡沫的形成是由低水平的30 年期住房抵押贷款利率引发的，从统计分析来看，2002～2005 年，每月的 30 年期住房抵押贷款利率比美国每月的房地产价格变化领先 11 个月，其中调整后的拟合优度是 0.511，t 统计量为 -6.93；而联邦基金利率比美国每月的房地产价格变化领先 8 个月，其中调整后的拟合优度是 0.216，t 统计量为 -3.62。将领先 11 个月的抵押贷款利率和领先 8 个月的联邦基金利率对房地产价格进行回归，抵押贷款利率与房地产价格的回归系数的 t 统计量为 -5.2，而联邦基金利率与房地产价格回归系数的 t 统计量仅为 -0.51。在 21 世纪的前几年，30 年期抵押贷款利率和联邦基金利率已经明显脱钩，因此，如果有影响的话，联邦基金利率对房地产价格的影响也很小。

从贷款的发放来看，越来越多地使用复杂的抵押贷款形式以及降低了相关贷款的发放标准，导致房地产价格泡沫的形成，因此，货币政策并不能有效抑制房地产价格泡沫，而是应该加强对贷款发放的风险管理（伯南克，2010b）。

总而言之，常规性货币政策工具对资产价格泡沫的影响有限，需要加强金融监管以抑制资产价格泡沫。

（三）削弱资产价格泡沫的结果，必须足够改善未来的经济绩效

对 2007～2009 年国际金融危机后果的分析，根据科恩（2008）的看法，从美国层面来看，房地产在美国经济和金融体系中占据核心地位，房地产价格泡沫的破裂，给住房拥有者带来困难，更重要的是，造成金融体系的脆弱。同时，由于美国经济的弹性不足，因此，导致美国经济卜滑；从国际层面来看，由于金融

和经济的国际联系，美国金融危机影响到发达国家和发展中国家，比以往历次经济危机都严重。因此，房地产价格泡沫破裂的成本大得不可思议，这就意味着，采取超常战略货币政策以抑制房地产价格泡沫的潜在收益非常之大。

米什金（2011）认为，"信贷繁荣泡沫"的破裂，资产价格崩溃，导致贷款受到冷遇，去杠杆化开始，对资产的需求进一步下跌，价格进一步走低。由此导致贷款损失和资产价格下跌，进而损害金融机构的资产负债表，并进一步使得信贷和投资减少。由此导致的去杠杆化抑制企业和家庭的开支，从而削弱经济活动，加大信贷市场的宏观经济风险。

事实上，"信贷繁荣泡沫"的破裂正是 2007～2009 年国际金融危机的全部情形，2007～2009 年国际金融危机最明显的成本是，全球经济衰退必将导致总产出的巨大损失，另外，在金融危机之后的中长期经济增长速度会降低；金融危机往往伴随着政府债务的急剧攀升而导致政府预算状况显著恶化；中央银行从非传统货币政策的退出策略非常复杂，并影响其未来成功管理经济的能力（Mishkin，2011）。

而在"纯粹的非理性繁荣泡沫"崩溃之后，由于不存在针对较高资产价值的杠杆周期，这种泡沫的危险性要低得多。没有信贷繁荣，泡沫破裂就不会造成金融体系失灵，造成的危害也就会小得多。例如，20 世纪 90 年代末的科技股泡沫，就没有受到银行放贷与股价上涨之间的反馈回路的推助；事实上，科技股泡沫的破裂，并没有伴随银行资产负债表的显著恶化。泡沫破裂后，经济只出现相对温和的衰退，一个关键原因就在这里。同样，1987 年股市泡沫的破裂，并没有使金融体系承受巨大压力，其后经济也运行良好（米什金，2011）。

总而言之，中央银行可以识别有些资产价格泡沫；房地产价格泡沫崩溃而带来的经济不稳定，对实体经济的影响远远超出先前的预期，虽然货币政策干预资产价格比较迟钝，但是，可以通过加强金融监管，以抑制房地产价格泡沫的形成。

第四节

美联储应对资产价格泡沫崩溃：三个案例

在美联储的中央银行家看来，货币政策以资产价格为直接目标，导致大萧条的加剧；从大萧条以后，美联储关注通货膨胀，不把资产价格作为直接目标，在1987 年股市崩溃后，成功行使最后贷款人的职能，阻止了系统性风险的爆发，对经济的影响较小；在 2007～2009 年国际金融危机爆发后，美联储虽然采取调整利率之类的常规性政策工具与量化宽松之类的非常规性政策工具，维护了主要金融市场的稳定，但是给美国经济和世界经济带来巨大损害。

（一） 货币政策与大萧条

从大萧条前的宏观经济来看，1928 年，通货膨胀率实际上略微为负，经济刚从衰退中温和复苏，从 1929 年秋季已经放缓。一直表现一致的经济指标，变得更为复杂：7 月，美联储的工业生产指数开始下降，8 月和 9 月，建造合同大幅下跌，10 月初，汽车销售量突然下降。

从金融市场和美联储实施的货币政策来看，1928 年初，为了调控股票市场，打击股票市场的投机行为，应对股票市场的不断高涨，美联储紧缩信贷，而且在1929 年 2 月进一步紧缩，这促使银行减少股票交易贷款，1929 年 8 月，美联储把贴现率提高到 1921 年以来的最高值 6%。美联储施加的压力并未能抑制其他金融中介为购买股票提供信贷资金。不过，市场提高了向经纪商收取的贷款利率。1929 年8 月，长期股票交易贷款利率（rates on term stock-exchange loans）是 9%，在 8 月初，同业拆借利率超过 10%。在此期间，这些贷款的利率有时飙升至 20% 以上。商业票据市场交易量下跌了一半，外国债券发行活动事实上中止了。

当市场在 10 月崩溃时，纽约的贷款人争相终止他们给经纪人的贷款。为了挽救信贷市场的萧条，纽约联邦储备银行进行了传统的最后贷款人操作，同时，利用公开市场操作，购买了 1.6 亿美元债券。结果，没有出现货币市场利率上涨或经纪人还贷违约危及银行的恐慌。

但是，华盛顿的美联储理事会没有批准纽约储备银行的干预行动，相反，理事会还批评了纽约储备银行，而且不顾夏季已开始的经济萧条，维持紧缩的货币政策。1930 年刚刚出现的经济复苏也"胎死腹中"，银行恐慌紧随其后。1933 年初，股票价格下跌和金融不稳定程度增加，因美联储的错误政策而恶化的经济开始走向萧条。经济崩溃给银行体系带来了巨大压力，同时，银行危机又加剧了经济下滑。贷款人对有风险的借款人避之不及，风险溢价快速上升。

（二）货币政策与 1987 年股灾

20 世纪 80 年代，美联储关注通货膨胀，并采取紧缩性货币政策以预防通货膨胀的加剧。在股市上涨时，货币供给也以相对较快的速度增加。但是，1987 年前半年，货币供给在一定程度上慢了下来。由于担心国外利率上升、贸易赤字和美元贬值，以及美联储可能采取的行动，在货币市场上，美国联邦基金利率上升。但是，经济继续增长。

由于客户需要补充保证金，经纪商需要大量贷款，1987 年 10 月 19 日道琼斯指数的大幅度下跌给金融体系带来了巨大压力。10 月 20 日中午之前，因客户需要补充保证金，可是由于不确定性太大，在市场上最需要信贷资金的时候，银行甚至无视主要证券公司的财务能力，不愿发放贷款。

为防止经纪公司的倒闭，在 10 月 20 日开盘前，格林斯潘宣布"美联储随时提供流动性以支持经济和金融体系"。美联储购买了 170 亿美元的债券。此外，美联储告知商业银行继续向证券公司（broker-dealer）提供信贷服务，以确保后者可以持有证券存货（inventories of securities）。危机一爆发，金融稳定受到一些负面影响，但是，在美联储采取了行动后，随着金融市场得到平复，美联储谨慎地收回了相当多的银行超额储备，隔夜拆借利率维持在比危机前低 1 个百分点的水平上。

因此，尽管股票价值的损失巨大，但是股市崩溃并未危及金融体系的稳定性。20 世纪 80 年代末期，银行破产和贷款损失虽然上升很快，但是，股票市场崩溃并未损害到易受影响的金融体系。美联储成功地行使了与 1929 年一样的最后贷款人职能。但是，这一次，货币政策关注的是金融体系的稳定性，而不是股票市场。

（三）货币政策与 2007~2009 年国际金融危机

2007 年 8 月，次贷危机爆发，美国的金融市场出现失调。在 2007 年 9 月，尽管经济依然表现出强劲势头——第3季度的实际GDP增速很高，但是美联储依然将联邦基金利率降低了50个基点。美联储的行动不是在应对当时的经济情形，而是对实体经济有可能因金融失调出现下行风险的前瞻性反应。随后，从2007年9月至2008年4月，美联储迅速将联邦基金利率目标从5.25%下调至2%。到了2008年夏，中央银行甚至已经将其注意力转向当时很高的通货膨胀率，美联储内部已经开始讨论是否需要逆转宽松的货币政策，以应对潜在的通货膨胀。

但是，随后出现的一系列冲击将金融体系和实体经济推到了悬崖边缘：2008年9月15日雷曼兄弟破产，9月16日美国国际集团（AIG）崩溃，就在同一天，储备优先基金（Reserve Primary Fund）被挤兑，之后的两周时间里，美国财政部力争国会批准了其不良资产救助（TARP）计划。美国金融危机此时已经演变为国际金融危机。不仅美国经济活动急剧衰退——实际GDP在2008年第四季度下降了1.3%，2009年第一季度为5.4%，2009年第二季度为6.4%，世界其他经济体的实际GDP也在2008年第四季度为6.4%，2009年第一季度为7.3%。美国和许多发达国家的失业率急剧上升至10%以上，即使在世界经济开始恢复时，失业率也居高不下。金融危机导致了20世纪30年代大萧条以来最为严重的全球经济衰退。

在雷曼兄弟破产后，美联储迅速开始新一轮降息，2008年12月联邦基金利率降低75个基点，下调至0~0.25%这一历史低点而接近零利率下限。除此之外，美联储还采取非传统的货币政策。一是大量购买债券。2008年11月25日，美联储购买机构债券和抵押贷款支持债券，并购买美国国债。二是创设流动性工具。2008年11月25日，美联储宣布创设短期资产抵押债券信贷工具（TALF），以解冻住房信贷市场和消费信贷市场。三是积极配合财政部实施金融稳定计划。美联储与其他监管部门对全美19家大型银行进行压力测试，并向市场公布压力测试结果，进一步稳定了金融市场情绪和信心。

总的来说，美联储采取量化宽松之类的非常规性货币政策工具与接近零利率下限的常规性货币政策工具维护了主要金融市场的稳定：短期融资市场运转更加正常，公司债券发行有所增加，低迷的证券市场有所恢复，部分股票价格上涨，住房按揭贷款利率大幅降低，宏观经济则在经历大幅萎缩之后于 2010 年有所反弹。

第五节

小　结

大萧条之后，到 2007～2009 年国际金融危机爆发，美联储的中央银行家认为中央银行具有两项职能：一是制定货币政策；二是确保金融稳定。第一项职能意味着中央银行实施货币政策应该以宏观经济为目标，而不是以资产市场为目标。第二项职能是运用管理、监督金融市场和最后贷款人的权利，以维护金融体系的稳定（伯南克，2002）。美国的中央银行家认为，只关注商品和服务价格稳定目标的货币政策表现最好，不应把资产价格作为直接目标。因此，他们认为货币政策对资产价格关注的程度，仅限于应对资产价格对通货膨胀预期的影响。

从实践来看，以资产价格为货币政策直接目标而加剧了大萧条，美联储未从中吸取教训而陷入困境：当美联储提高利率抑制风险过大的投机行为时，可能会损害实体经济，由此带来的损失几乎无法承受，最终美联储决定不再逆风向调节资产价格，每次资产价格泡沫崩溃之后，美联储充分行使最后贷款人的职能，及时注入充足的流动性来缓解资产泡沫破裂对经济形成的冲击。虽然取得了一些成效，但是，接二连三的金融危机使得美联储采取更加有力的救助措施，而这些措施往往是下一轮危机的导火索。

2007～2009 年国际金融危机爆发之后，美联储的中央银行家认为可以识别有些资产价格泡沫；房地产价格泡沫崩溃而带来的经济不稳定，对宏观经济的影响远远超出先前的预期，虽然货币政策干预资产价格比较迟钝，但是，可以通过加强金融监管，以抑制房地产价格泡沫的形成。

第四章

美国非传统货币政策的
实施背景与概念界定*

  2007 年夏天出现的信贷市场混乱与资产价格下跌现象，严重损害了金融市场运行，破坏了良好的套利条件，使得联邦基金利率变化影响长期利率变化的机制被破坏，导致预期紊乱，沉重打击了美国等发达经济体的实体经济活动。从 2007 年 9 月起，美联储采取了激进的降低短期利率行动，2008 年 10 月，随着金融危机加剧，美联储进一步调低利率。在 2008 年 12 月的会议上，联邦公开市场委员会下调联邦基金利率接近于其下限，至 0 ~ 0.25%。在联邦基金利率这个常规货币政策已达到极限的背景下，为了改善融资环境，进一步刺激经济复苏，美联储运用了非传统的货币政策工具。

第一节
美国非传统货币政策的实施背景

  国际金融危机始于美国抵押贷款市场一个不起眼的小角落——现在世界著名的次级抵押贷款市场。次级贷款这种金融产品旨在让较贫困的和信用等级较差的家庭能够自置居所。这些高收益的抵押贷款风险高，但是由于房屋价格不断上升，人们可以设计合同来缓释这些风险：低收入的借款人可以将房屋作抵押为他们的房屋进行融资和再融资。只要房地产价格上升，这种机制就能奏效，但是

---

  * 本章的主要部分以题为《美国的非传统货币政策：文献述评》发表于《金融评论》2015 年第 4 期，发表时的合作者是董昀博士与李向前博士。

2006 年房地产价格下跌，次级贷款违约率不断上升。

如果次级贷款没有被证券化（即转换成可出售的债券），这也就只是贷款者的麻烦。但是，次级贷款与其他以高质量抵押贷款为基础的证券汇聚在一起形成结构性资产，这些资产风险更大，比标准的固定收入投资工具收益高。这些证券由质量不断下降、风险不断上升的金融资产组成，从评级达 AAA 的优质资产到股权资产。预计只有股权部分（可能还有中间级别的）会受次级贷款违约的影响，但是当违约率超过被认为可能的界限时，高档次的资产也受到了影响。资产担保证券被进一步地汇集、打包、切分成不同的等级，形成越来越复杂、难懂的金融产品。将不同种类的资产进行打包已是稀松平常，这就解释了为什么次级贷款出问题会影响到所有的资产担保证券。之前被认为安全的复杂的金融产品越来越难估值。资产持有者不能估计其资产负债表中持有的有毒资产（toxic assets）价值，更不用说卖了它们，这些风险依然集中于金融中介部门，并没有被分散到最终投资者手中。次级贷款的风险敞口总计大约有 1.4 万亿美元，其中大约一半的潜在损失由那些杠杆化的美国金融机构所承担，比如，商业银行、证券公司和对冲基金等。如果算上其他国家的杠杆化机构，杠杆化金融机构在总风险敞口中的比例将上升到 2/3。这些经验丰富的金融机构不仅没有将不良贷款扔出去，反而将它可能带来的最大风险攥到自己手中。美国的银行不仅投资了这些资产（这些资产的风险变得比当初认为的要高），而且它们还通过发行债务而非用它们的自有资本来投资这些资产，主要是通过法律上独立的子公司（所谓的中转人和特别投资工具），用来源于资产的收入为其债务服务。一方面，它们面临资产担保证券带来的损失；另一方面，由于损失开始暴露，它们越来越难以周转其债务，这些所谓的"影子银行（shadow banks）"不得不动用与母银行的信贷额度。母银行要么扩大对子公司的信贷，要么将其重新纳入自己的资产负债表，并谋求方法为其进行再融资。但是，2007 年情况变得越来越艰难，因为银行间市场的相互猜疑不断增加。

2007 年 8 月，一向流动性很高的银行间市场突然冻结。当美国的次级抵押贷款危机变为现实时，市场对主要银行面临的资金问题产生了担忧，与此同时，银行持有的金融产品贬值，市场也担心这些银行破产，而且这种担心在市场蔓延开来。由于银行没有公开披露损失，每家银行都开始评估交易对手的风险（counterparty risk），银行同业市场上的流动性基本处于冻结状态。① 美联储立即介入并开始扮演最后贷款人的角色，向金融机构直接注入流动性，帮助银行应对债务偿还计划。尽管如此，提供流动性仍不足以恢复信心，因为市场参与者怀疑一些交易对手有可能破产，不愿意借款给它们。

银行开始出售那些还能出售的资产——通常是股票——来补充流动性，满足资本比率要求，但是损失仍然持续。资产价格下跌进一步损害了银行的资产负债表，因为资产负债表是以资产的市场价值为基础的，资产价格下跌迫使银行进一步出售资产。而且，它们购买的很多复杂的资产已经不再进行交易和公开记录，所以并不能提供准确的信息来核算实际损失到底是多少。因此，一些银行被证实或是被怀疑资不抵债，这加剧了银行间市场的不信任。

这场恐慌在 2008 年 9～10 月达到高潮，伴随着美国当局前后矛盾的应对措施——投资银行拜尔斯登（Bear Sterns）和保险商美国国际集团（AIG）都被救助，但是另一家投资银行雷曼兄弟（Lehman Brothers）却不得不违约破产。这造成市场信心大跌，每个人都囤积流动性，美联储不得不将利率下调到零附近，几乎完全替代了银行间市场。

此时，金融危机不断向实体经济扩大传染面：由于经济信心急剧跌落，企业开始推迟投资，减少存货；股票价格下跌以及企业债市场冻结降低了大型企业为其投资进行融资的能力；家庭为了应对冲击，而增加谨慎性储蓄。银行不愿意向非金融客户借贷，因为这可能会增加银行的风险敞口，而它们此时正想减少风险敞口；但是几乎没有确凿的证据表明存在着广义的信用紧缩，特别是政府很快介入以帮助银行继续提供贷款。

不同于"大萧条"时期，全球化带来的冲击在国际间瞬间传导。银行 2008

---

① 有两种方法可以测度流动性状况。其一，测度银行同业市场利率与同一期限的政府债券利率的息差（spread），被称作泰德息差（TED spread）；其二，测度三个月银行同业市场利率与资本隔夜掉期利率（OIS）之差，它测算市场对未来政策利率预期的溢价，被称作隔夜掉期利率息差（OIS spread）。这两种方法都不完美，但是都可以衡量银行间同业市场资金的紧张程度。2007 年夏天之前，这些息差在美国不到 50 个基点，2007 年 8 月初开始急剧上涨，在数个月的时间里，这些息差在美国超过了 100 个基点。2008 年 9 月，雷曼兄弟倒闭之后，这些息差进一步上涨，高息差水平表明银行同业市场基本瘫痪，直到政府宣布救助计划之后，情况才有所缓和。

年秋天开始对当地子公司实施信贷配给，以减少其在新兴市场和发展中市场的风险敞口。更普遍的是，美国的资本流出"突然停止"。这是危机向依靠外部融资的新兴经济体传染的一个关键渠道。其他主要渠道是国际贸易：削减投资和消费计划，减少存货，贸易融资枯竭，世界贸易迅速下降。这特别影响到了东亚国家，这些国家的经济增长的一个主要来源是美国的进口需求，而不是国内和区域内需求。之前价格猛涨的大宗商品价格的下跌还影响到了很多新兴市场经济体。更为普遍的是，美国进口需求萎缩将全球经济拖入衰退，包括那些低收入国家。

为了全力以赴应对这场危机与阻止经济进一步崩溃，美国救助资不抵债的银行，或是将其国有化，对财务薄弱的银行实施资本充足，并向所有银行提供信贷担保。大规模的财政预算刺激政策接踵而至，同时很多中央银行将利率降低到零或是接近零的水平，实施了非常规的宽松措施。美联储与世界上一系列的中央银行扩展了货币互换额度，以帮助它们应对美元流动性短缺问题。国际货币基金组织、世界银行、区域性发展银行以及其他捐赠机构都行动起来阻止资本从新兴经济体流出，为国际贸易融资，帮助发展中国家实施逆周期政策。所有这些都不足以阻止世界经济陷入衰退，但是在 2008 年冬天至 2009 年产出大幅下降后，2009年春天产出趋于稳定。表 4 - 1 总结了危机蔓延的各个阶段。

表 4 - 1 　　　　　　　　　　　　金融危机主要发展阶段

时间	主要事件	应对政策
2006～2007 年夏天	美国当地信贷问题 ● 风险较高的房屋抵押贷款违约上升 ● 一些信用等级较低的信用证券价格下跌	
2007 年夏天至秋天	信心和流动性出现问题 ● 银行间利率急剧上升，资产担保证券资金枯竭 ● 两大对冲基金倒闭	● 中央银行通过特殊招标向银行注入流动性 ● 救助北岩银行
2007 年秋天至 2008 年夏初	损失累积，流动性短缺持续 ● 交易账户出现严重账面损失 ● 商业票据市场崩溃 ● 结构性投资工具（SIVs）纳入银行资产负债表 ● 主要金融机构流动性引担忧	● 中央银行继续提供流动性支持 ● 美国政府救助投资银行拜尔斯登，并将其出售给JP摩根

续表

时间	主要事件	应对政策
2008 年夏天	损失和流动性短缺加剧 ● 账面损失和流动性短缺升级 ● 房利美和房地美资不抵债 ● 英国抵押贷款银行资金问题加剧	9 月初，房利美和房地美事实上被国有化
2008 年 9 月	信心大幅损失 ● 美国投资银行雷曼兄弟破产倒闭 ● 对大型金融机构大而不倒的信心丧失 ● 美国华盛顿互助银行（Washington Mutual）倒闭 ● 银行间货币市场和短期资金市场几乎失灵	● 美国政府拒绝救助雷曼兄弟，雷曼兄弟申请破产保护 ● 美国政府救助保险商 AIG
2008 年 10 月		● 中央银行扩大抵押品的范围，实施大规模流动性支持计划 ● 政府通过注资和提供资金担保援助银行 ● 明确承诺系统性银行将不允许倒闭 ● 中央银行再融资利率下降为零或接近零的水平
2008 年秋至 2009 年春	危机向实体经济传导 ● 工业产出和 GDP 大幅下降 ● 由于资金流突然中断，欧洲新兴经济体发生了一连串金融危机 ● 世界贸易崩溃 ● 银行间市场缓慢地恢复常态	● 中央银行采取非传统的政策 ● 大规模政府刺激计划 ● 国际危机应对措施协调 ● 国际货币互换协议 ● 由 IMF 引导的救援计划

资料来源：［法］贝纳西 – 奎里等著，徐建炜、杨盼盼、徐奇渊译：《经济政策：理论与实践》，中国人民大学出版社 2015 年版。

第二节

美联储非传统货币政策的概念界定

对于传统货币政策与非传统货币政策的区别，学术界并没有统一的解说。学术界比较集中的讨论是关于政策利率达到或者接近零利率之后的政策操作，重在分析量化宽松政策与前瞻指引。

就发达经济体的货币政策目标而言，如果说 20 世纪 80 年代是狭义货币时代，20 世纪 90 年代是汇率钉住制时代，那么 2008 年经济危机爆发之前的十年就是通货膨胀目标制时代（张晓晶、董昀，2013）。21 世纪初期，美联储实施货币政策框架的基本思想是：一个目标——稳定的通货膨胀，一项工具——联邦基金利率；由于联邦基金利率远高于零，故而具有充裕的调整空间，足以应付一般的外部冲击。更准确地说，正常时期，在美国主流经济学家看来，稳定的产出缺口与稳定的通货膨胀高度相关，如果中央银行制定正确的政策利率规则，就可以实现低而稳定的通货膨胀，从而实现宏观经济稳定的目标。这是因为，在宏观经济学中，企业扩大规模、家庭购买住宅等重要支出决策取决于市场主体对长期实际利率的预期。运转良好的市场套利环境可以保证实际和预期的短期利率变化沿着国债收益率曲线传导，这使得长期名义利率与短期名义利率具有明确、稳定的关系，美联储调控联邦基金利率，就相当于调控长期名义利率，在商品价格和工资的"名义刚性"的前提条件下，名义利率的变化会引致实际利率的相应变化，从而影响市场主体的实体经济决策。

对于非传统货币政策，学术界并没有统一的严密定义。在一些情况下，传统货币政策工具与非传统货币政策工具的区别微乎其微。大致来说，非传统货币政策可以指代中央银行旨在矫正货币政策传导机制中的障碍，或者政策利率达到零利率下限时，对经济提供进一步刺激而采取的任何政策干预措施。由此，衍生出两种界定非传统货币政策的方法。第一种方法根据斯马吉（Smaghi，2009）的界定，当传统货币政策措施的传导受到严重阻碍时，运用非传统货币政策可以提供支持，包括两项重要举措：第一，通过购买商业票据等短期证券，直接向非金融公司提供流动性，目的是立即取代业已瘫痪的银行信用体系；第二，中央银行实施信贷宽松或者数量宽松的货币政策，购买政府债券等长期证券，旨在维持资本市场的正常运行并降低长期利率。从本质上来看，这种分类方法的假设前提是，各种货币政策操作具有相对独立性，它们之间互为补充、互相支持。按照这种划分方法，传统货币政策措施旨在维持中长期价格稳定状况，非传统货币政策措施则用于应对短期内金融体系与金融市场的严重受损。另一种分类方法认为，根据特里谢（Trichet）于 2013 年的界定，非传统货币政策是传统货币政策的延续，是传统货币政策框架下采用的一些新工具。一旦名义利率不能往下调整，传统工具操作受阻，中央银行可以运用其他工具，表明货币政策立场，维护宏观经济稳定。从本质上来看，这种分类方法的逻辑是根据货币政策操作顺序划分。难以量化传统货币政策措施的传导受到阻碍的程度，同时，美联储向金融机构贷款和主要信贷市场提供流动性更接近于最后贷款人的作用，因此，界定非传统货币政策操作的文献，更多地集中于讨论政策利率达到或者接近零之后的政策操作。

在政策利率达到或者接近零时，传统的货币政策已经无效。在不能改变政策利率的情况下，需要实施非传统货币政策，以刺激经济。根据伯南克和莱因哈特（Reinhart）在 2004 年的描述，非传统货币政策有三种形式：第一，运用沟通政策，向市场参与者保证未来利率比他们预期的更低；第二，扩张中央银行资产负债表的规模（亦即"量化宽松"）；第三，调整中央银行资产负债表的结构。与伯南克和莱因哈特（2004）的划分类似，伍德福德（Woodford）于 2012 年把非传统货币政策划分为两类，一类是前瞻指引：中央银行不但详细声明当前实施的政策行动，而且详细声明未来政策的走势；另一类是资产负债表政策：中央银行调整自身资产负债表的规模或者结构。耶伦（2014）把美联储启动的非传统政策工具分为两类：一类是通过前瞻性指引指明未来的联邦基金利率水平；另一类是通过大规模的资产购买向市场注入流动性。

事实上，美联储中央银行家所称呼的大规模资产购买与金融市场上、学术研究上的量化宽松是一个意思。总结上述文献的分类法，非传统货币政策可以被分为两类：一是实施前瞻指引，引导市场预期；二是实施量化宽松政策或者信贷宽松政策，调整美联储资产负债表的规模或者结构。据此，本书关注的非传统货币政策就是在政策利率达到或者接近零时，中央银行所采取的货币政策，特别是指量化宽松政策或者信贷宽松政策[①]与前瞻指引两类政策。

第三节

两类非传统货币政策传导机制的比较及其目标

前瞻指引与量化宽松政策影响宏观经济的渠道既有类似之处，也有不同之

---

① 美联储购买私人部门债券就是信贷宽松。

处。它们的共同目标是支持宏观经济稳定，最终实现充分就业与物价稳定的宏观经济目标。

（一） 两类非传统货币政策传导机制的比较

前瞻指引与量化宽松政策影响宏观经济的渠道既有类似之处，也有不同之处。前瞻指引与量化宽松政策都传递出中央银行刺激经济的信号，量化宽松可以强化前瞻指引的承诺，可以通过信号渠道降低长期利率，从而降低金融市场上的融资成本，加快经济复苏步伐。

从对长期利率的影响来看，长期利率主要由资产持有期的短期无风险利率与期限溢价构成。前瞻指引侧重于降低无风险利率水平与波动，大规模资产购买侧重于降低长期利率的期限溢价。无风险利率水平的降低与期限溢价的降低共同作用，使得长期利率降低。

（二） 两类非传统货币政策传导机制的目标

美联储采取非传统货币政策的目的，是在受到零利率下限约束的情况下，为未来货币政策提供必要的空间，以支持宏观经济稳定，最终实现充分就业与物价稳定的宏观经济最终目标。

美联储主要依靠大量持有机构债、机构发行的住房抵押贷款支持证券以及长期国债和前瞻指引，为未来货币政策提供空间。前瞻指引可以稳定市场预期，引导市场参与者降低长期利率的预期，从而促使家庭增加消费与企业扩大投资；美联储大量购买机构债、机构发行的住房抵押贷款支持证券、长期国债，可以减少长期利率的期限溢价，降低长期利率，为家庭与企业支出的增加创造合意的金融环境，促进总需求的增加。

（三） 对非传统货币政策绩效的质疑

米什金（2011）质疑量化宽松政策本身对于刺激经济是否有效，当不能进一步降低利率或刺激银行放贷时，基础货币的扩张并不会提升总需求，此外，从来自日本的证据观察，在刺激总需求方面，中央银行资产负债表的单纯扩张并不奏效。但是，米什金（2011）认为，前瞻指引具有很强的理论基础，中央银行承诺持续保持低水平短期利率，有助于降低长期利率，并形成通货膨胀预期，进而降低实际利率。米什金（2011）的研究表明，美联储采用的传统货币政策与非传统货币政策有效降低了信用价差的进一步扩大，降低了宏观经济风险，一定程度上遏制了居民和企业支出的下滑，因此，美联储的货币政策是有效的。恩金（Engen）等于 2015 年运用 FRB/US 模型进行反事实模拟，结果显示，在实施非传统货币政策的前两年，货币政策影响有限，但是，从 2011 年开始，经济复苏有所加速。

从 2009 年起，美国经济开始逐步复苏，但在本轮复苏中，国内生产总值和就业增长却从未达到以往历次经济复苏惯有的强度。近几年，美国年均国内生产总值增速始终低于 2%，就业增长也慢于人口增长。第二次世界大战后至本次危机前，美国历次经济衰退均缘于美联储提升利率对抗通货膨胀。当美联储达到其目的时，就会逐步降低利率，经济也随之迅速恢复活力。与此不同的是，2006 年，房地产价格开始下跌，抵押贷款借款人开始违约。其他以抵押贷款为基础资产的金融资产价格也随之大幅下挫，并导致金融机构间相互惜贷、金融市场失灵、信贷市场干涸。在这种状况下，降低联邦基金利率并不能引发快速的经济复苏，美联储采用非传统货币政策降低长期利率，但房地产价格仍持续下跌至 2012 年。同时，在 2013 年之前，股票市场上升幅度也低于企业盈利的增速。国际金融危机爆发之后，基于泰勒规则进行测算，联邦基金的影子利率应该是负值，而在实际操作中，由于零利率下限的约束，把联邦基金利率调为负值并不可行。近几年来，作为唯一持续实行的经济刺激政策，美联储的非传统货币政策不能完全充分抵消零利率下限约束的影响，前瞻指引与量化宽松政策不能对经济增长产生实质性促进作用。

第四节

小 结

国际金融危机蔓延之后，金融市场均衡严重失调，美联储被迫创新思维方式。首先，把政策利率降到超低水平；其次，推出前瞻指引与量化宽松政策，以遏制金融危机。其目的是为了实现两大目标，一是恢复金融市场和中介的运转；二是在零利率下限约束下，为未来的宽松政策提供空间。这两个目标很明显是互相联系的，它们最终都是为了保证宏观经济的稳定。但它们分别通过不同途径实现：前者主要通过供给流动性以及购买私人资产达成，而后者则是通过前瞻性指引和购买债券来实现。

第五章

量化宽松政策：理论基础、
演进脉络与潜在风险*

在正常情况下，货币政策的重要传导主体即商业银行等金融机构或者金融市场。在国际金融危机爆发之后，美联储通过实施量化宽松货币政策，不但是金融中介的"最后贷款人"，还成为金融市场的"最后做市商"。

第一节

货币政策和金融机构

货币政策的重要传导主体即商业银行等金融机构或者金融市场，因为需要通过居民和企业的信贷行为来完成。无论通过居民和企业抑或金融机构的行为影响，货币政策传导对产出和通胀水平的最终影响是相同的。实际上，上述两条途径是两位一体的，理由如下：一般而言，金融机构传导货币政策主要通过：（1）信贷渠道，贷款人通过控制零售存款、贷款利率，将政策利率和货币市场利率的变化传递给借款人，由此推高企业和居民的外源融资成本（与外部融资成本相对的是，用留存利润或储蓄转化为支出的内源融资成本）；（2）资产负债表渠道，货币政策影响居民和企业的资产负债、资产净值、流动资产，因而改变金融机构贷款意愿。这两条渠道协同作用、交织并行。

---

* 本章的主要部分以题为《美联储非传统货币政策及其对我国货币政策的启示》发表于《经济学动态》2012 年第 11 期，发表时的合作者是李向前博士。

（一）信贷渠道

当政策利率提高时，货币市场利率随之上升，由此引起金融机构短期融资成本上升，最终，金融机构将以更高的贷款利率将增长的成本传递给借款人。

如图5-1所示，提高贷款利率将削弱借款人的偿还能力，比如说，借款人会面临更高的月还款额，而其收入却依然与受高利率影响的社会经济状况同步徘徊。所以，当利率上升时，银行及其他债权人将在原有贷款利率基础上添加一个抵偿新增信用风险的溢价，或者整体提高放贷的审慎度。总而言之，在利率上升的环境中，债权人的放贷行为会更加谨慎。

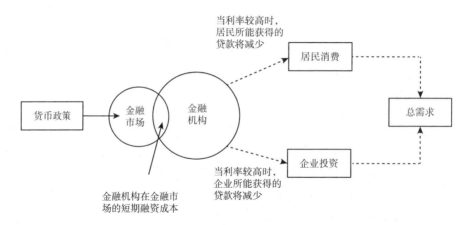

图5-1 贷款渠道：利率提高使金融机构对居民和企业谨慎放贷

（二）资产负债表渠道

资产负债表渠道，从某种意义上可作为资产价格效应的推论，利率变动通过这一渠道影响居民和企业。如图5-2所示，在高利率的情况下，居民和企业的资产价值下跌，致使其作为抵押物的价值减少。由于资产价格和未来收入被高折现率削减，高利率同样会带来债务人财富和净资产减值。这些因素总体上会拉低居民和企业的资信水平，使得金融机构缩减信贷供给。信贷供给的减少将进一步推动总需求的萎缩。

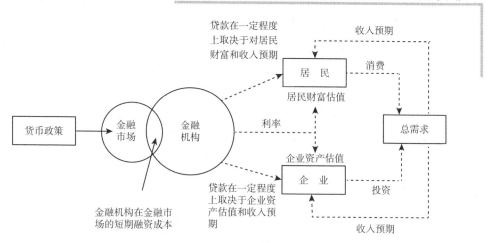

图 5-2　资产负债表渠道：高利率削减资产作为抵押品的价值

第二节

量化宽松政策的传导机制

货币政策对实体经济产生影响，必须通过长期利率传导（耶伦，2013），而货币政策工具通常只能有效影响短期利率，短期利率影响长期利率的程度影响货币政策的效力。在受到金融危机冲击的情况之下，美联储采用前瞻指引与资产负债表政策，试图直接降低长期利率，以刺激经济复苏。

（一）长期利率的影响因素

在通货膨胀预期比较稳定的情况下，长期利率主要受到短期利率水平与期限溢价的影响，但是，无论是经济学者还是决策当局对期限溢价的决定机制的理解并不深入。

1. 从短期利率到长期利率

金融市场套利的存在使短期市场利率总能够接近于官方利率。虽然不遵循机械的路径，但套利行为也能影响长期资产的利率。

长期利率（长期资产的利率）主要受到预期货币政策的影响，这是因为想要进行长线投资的资产组合经理（portfolio manager）要么持有长期资产，要么不断对短期资产进行展期。如果他们对风险并不厌恶，长期利率应该是预期未来连续短期利率的平均值。一般来说，由于长期投资的风险更大（持有债券到期涉及通货膨胀风险，到期前偿付涉及资本风险[①]），所以长期投资的收益高于一系列连续的短期投资。更准确的是，期限为 N 的债券利率 i_t^N 可以表示为预期短期利率 i_t^1 与期限溢价 ρ_t^N 的函数：

$$i_t^N = \frac{i_t^1 + E_t i_{t+1}^1 + \cdots + E_t i_{t+N-1}^1}{N} + \rho_t^N \qquad (5-1)$$

$$i_t^1 = r_t^1 + \pi_t \qquad (5-2)$$

其中，i_{t+i}^1 表示在 $t+i$ 时刻的一年期债券的市场利率，N 表示债券持有期，ρ_t^N 表示按年计算的期限溢价，表示为投资者为弥补其持有高风险债券而获得的额外回报，期限溢价随 N 的增加而变大。因此，在不考虑预期利率变化的情况下，收益曲线基本上向上倾斜。需要指出的是，债券持有者不能直接观察到预期利率，也不能直接观察到期限溢价。但是，在远期市场上进行交易的远期利率，为评估预期利率提供了一条途径。π_t 表示在 t 时刻的通货膨胀率，式（5-2）是费雪效应，表示的经济含义是：名义利率等于真实利率与通货膨胀率之和。

实际操作中，私人部门在借贷时常使用政府债券收益率作为计算利率的基准。由于政府债券不可能违约，因此，政府债券常被视为无风险资产。当私人部门相互借款时，它们经常将借款利息与投资政府债券（等同于向政府提供贷款）所得收益相比较。由于向政府贷款无风险，而贷给私人部门存在风险，因此，贷款人一般对私人部门贷款收取的利息高于同期政府债券的收益。随着中央银行大规模购买政府债券，导致债券的价格上涨。而债券的收益率随之下降，这时，私人部门就会参照这一相对较低的收益率水平来确定长期贷款的利率水平。

2. 长期利率的影响因素

由式（5-1）与式（5-2）可知，长期利率由三部分构成：债券持有期的预期通货膨胀、短期真实利率的预期路径与期限溢价。

————————

① 比如，在偿付之前，债券市场价格下降的风险。

影响长期利率的第一个因素是债券持有期的预期通货膨胀。预期通货膨胀的下降与中央银行对价格稳定的承诺相关，长期通货膨胀预期锚住的目标是影响长期利率的关键因素。

影响长期利率的第二个因素是短期真实利率的预期路径。短期真实利率的预期路径受两个因素的影响：一是当下的货币政策立场；二是市场参与者对政策未来演变的预期（伯南克，2013）。在很大程度上，经济前景决定货币政策立场，在有些情况下，其他因素（比如零利率下限约束）决定货币政策立场。由于价格刚性的存在，导致通货膨胀调整速度缓慢，中央银行通过控制短期名义利率，就可以控制短期真实利率。

影响长期利率的第三个因素是期限溢价。长期投资的回报更不确定，长期利率中包含风险溢价，这种风险溢价被称为期限溢价，也就是长期利率中不能有预期短期真实利率与预期通货膨胀不能解释的部分。从学术研究的角度来看，无论是经济学者还是决策当局对期限溢价是如何决定的认识并不深入，难以预测期限溢价的变化是长期利率剧烈波动的一大因素。

（二）量化宽松政策的传导机制

量化宽松政策主要通过信号渠道与资产组合平衡渠道进行传导，其实质是降低期限溢价，进而降低企业与家庭的融资成本，促进企业增加投资、家庭扩大支出，最终增加总需求。

1. 量化宽松政策传导的信号渠道

从信号发送角度看，中央银行推出量化宽松的货币政策，购买长期资产，意味着向金融市场参与者做出维持利率水平较低的可信承诺。埃格森和伍德福德（Eggertson and Woodfood，2003）的研究发现，降低长期债券利率的非传统货币政策有益于经济的前提条件是，中央银行做出可信的承诺——即使经济复苏之后，利率仍然保持较低水平。中央银行大量购买长期债券，才能实现这样的承诺。这是因为，一旦中央银行上调利率，中央银行持有的资产价值就会降低，而负债（主要是基础货币）数量基本稳定，于是购买的债券就会遭受损失。因此，在一段时期之内，通过大量购买长期债券，是将政策利率维持在较低水平的基本前提（伯南克等，2004）。

2. 量化宽松政策传导的资产组合平衡渠道

对于资产组合平衡渠道而言，中央银行通过购买长期债券、资产互换、注入流动性等措施，可以修正中央银行与私人部门的资产负债表的规模和构成。由于中央银行垄断着发行基础货币的地位，因此，从原则上说，中央银行可以无限发行货币，进行市场干预。中央银行采取购买长期债券等措施会从三个方面推动总需求的扩张：第一，导致资产价格上涨，从而提高家庭财富水平和家庭支出水平；第二，资产价格的高涨还使得资产收益率降低，降低长期资产收益的风险溢价，最终改善融资环境，促进企业增加投资；第三，中央银行注入流动性购买长期债券，使得本币贬值，从而促进出口增加与进口减少。

这一渠道的有效性取决于货币与其他金融资产的不完全替代性。根据优先置产模型（preferred-habitat models），长期资产和短期资产在投资者的投资组合中是不完全替代的，并且套利者的影响被他们的风险厌恶水平等因素所限制。通过购买国债与机构债等资产，美联储的量化宽松政策可以鼓励投资倾向从政府债券转向风险资产，导致风险资产的收益率向低风险资产的收益率收敛。因此，利率的期限结构可以被在特定到期日的外部供给冲击所影响。中央银行购买长期债券可以被看作债券供给的减少，它会推高价格，降低这些债券的收益。

具体来看，在资产组合中，资产负债表政策通过六个渠道影响债券的收益率：第一，久期风险渠道（Duration Risk Channel）。瓦亚诺斯和维拉（Vayanos and Vila，2009）指出，中央银行购买长期债券，能够降低投资者的久期风险，改变收益曲线，降低长期债券收益率。第二，流动性渠道（Liquidity Channel）。中央银行购买私有部门的长期债券，这就使得私有部门增加短期、无风险的储备金，与长期债券相比，准备金的流动性更强，从而增加投资者的流动性，降低债券的流动性风险。第三，安全溢价渠道（Safety Premium Channel）。中央银行购买国债，向公众出售的国债供给减少，在市场主体对无风险资产存在偏好的背景下，国债收益率就会大幅度下降，而国债是信用评级最高的债券。第四，违约风险渠道（Default Risk Channel）。与国债相比，级别较低的债券违约风险更大。如果量化宽松的货币政策能够成功地促进经济增长，企业违约风险就会降低，因而，级别较低的债券的利率就会下降。第五，通货膨胀渠道（Inflation Channel）。量化宽松的货币政策推升通货膨胀预期，进而导致实际利率的下降幅度要大于名义利率，促进经济增长。第六，提前还款风险溢价渠道（Prepayment Risk Premium Channel）。提前偿还风险指因为借款人提前偿还贷款，导致放款人提前收回本金和降低资金回报的可能性。住房资产提前还款风险具有正的风险溢价，而风险溢价的程度取决于住房资产投资者承担的提前还款风险，资产负债表政策能够降低住房资产提前还款风险，减少住房资产的风险溢价。

（三）量化宽松政策的典型模式

当政策利率接近于零或者为零时，美联储通过量化宽松政策进一步刺激经济复苏。目的在于：一是降低长期贷款成本；二是使金融机构和主要信贷市场恢复流动性，从而使得更多的贷款刺激经济活动。

1. 降低长期贷款成本

美联储采用量化宽松的货币政策，大量购买长期政府债券，不只是纯粹地调整长期债券利率，而是同时通过向私人部门注入大量资金来缓和经济中的流动性短缺。

图5-3表示的是量化宽松政策的典型模式。美联储通过大规模购买政府债券或者机构债等长期债券，就会压低长期债券的收益率。实际操作中，私人部门在借贷时经常使用政府债券收益率作为计算利率的基准。由于政府债券不可能违约，所以政府债券常被视为无风险资产。当私人部门相互借款时，它们经常将借款利息与投资政府债券（等同于向政府提供贷款）所得收益相比较。由于向政府贷款无风险，而贷给私人部门存在风险，因此，贷款人一般对私人部门贷款收取的利息高于同期政府债券的收益。随着中央银行大规模购买政府债券，导致债券的价格上涨，而债券的收益率随之下降，这时，私人部门就会参照这一相对较低的收益率水平来确定长期贷款的利率水平。

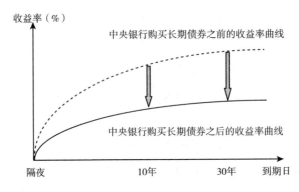

图 5 – 3　量化宽松政策的典型模式

2. 修复金融市场流动性

从私人部门购买政府债券，使得私人部门尤其是银行的手中拥有更多的现金。在危机期间，私人机构之间通常不愿相互借贷。相反，它们倾向于囤积流动性，比如政府债券。这导致流动性短缺，从而抑制经济活动。

在量化宽松政策下，中央银行从私人部门购买政府债券，相当于向私人部门尤其是银行注入现金，而银行通常是政府债券的较大持有者。当手中拥有更多的现金之后，银行向私人部门贷款的能力增强，从而可以刺激经济增长。

第三节

量化宽松政策的演进脉络

美联储采用的量化宽松政策的主要举措是扩张资产负债表规模与改变资产负债表结构，以增加购买长期资产数量与延长资产久期，维持资本市场的正常运行并降低长期利率。这显示出中央银行维持金融稳定的职责，以及为此而创造货币的独特权力。

表 5 – 1 总结了美联储推出的量化宽松政策措施。量化宽松政策旨在解决非银行信贷环境出现的问题，便利住房购买融资、便利消费与投资融资。为此，美联储推出了购买机构债、机构发行的住房抵押贷款支持证券与长期国债等量化宽松政策（美联储推出的量化宽松政策措施详细情况见附表）。2008 年 11 月，美联储宣布实施第一轮量化宽松政策，从 2009 年年初起，美联储购买房地美、房

利美与吉利美发行的债券与住房抵押贷款支持证券，从而降低住房购买成本、增加住房信贷供给；2009 年 3 月 18 日，美联储宣布大规模购买长期国债，以降低长期利率期限溢价，从而降低长期利率。经过第一轮量化宽松政策的实施，美联储购买了 1.25 万亿美元的机构发行的住房抵押贷款支持证券、1750 亿美元的机构债与 3000 亿美元的长期国债。

表 5 - 1　　　　　　　美联储在政策利率接近零之后实施的量化宽松政策

量化宽松政策的目标	政策措施
影响非银行信贷环境 便利住房购买融资 便利消费与投资融资	购买机构债、机构发行的住房抵押贷款支持证券 购买长期国债

2010 年 11 月，美联储宣布实施第二轮量化宽松政策，购买 6000 亿美元的长期国债。与第一轮量化宽松政策不同的是，第二轮量化宽松政策只是购买长期国债，而不购买机构债与机构发行的住房抵押贷款支持证券，旨在降低长期利率期限溢价，从而降低长期利率。

第二轮量化宽松政策的效果没有完全达到美联储的预期，第二轮量化宽松政策刚结束三个月，美联储宣布实施期限延长计划，即所谓的"扭转操作"。该计划旨在将美联储系统公开市场账户（SOMA）持有国债的平均期限从约 75 个月延长至 100 个月，并将国债投资组合的久期从略低于 5 年延长至 7 年左右。这一目标将通过出售 4000 亿美元、3 个月至 3 年期部分国债和购买等额 6~30 年期限部分国债实现（李向前、郭强，2012）。2012 年 6 月 20 日，美联储继续实施期限延长计划：一直到年底，美联储都会继续延长持有债券的平均期限，购买等额6~30 年期限的债券，出售等额的期限为 3 年及以下的债券。

2012 年 9 月，美联储启动第三轮量化宽松政策。除了根据扭转操作购买长期国债外，美联储每月购买机构发行的住房抵押贷款支持证券 400 亿美元，与第二轮量化宽松政策不同，第三轮量化宽松政策结束的时间表具有开放性，该轮量化宽松政策与劳动力市场的改善紧密联系。到 2012 年 12 月，由于缺少短期国债而不得不终止扭曲操作，美联储每月直接购买长期国债 450 亿美元。

就美联储的资产结构来看，美联储运用资产负债表政策，大量持有机构债、机构发行的住房抵押贷款支持证券与长期国债，资产规模急剧膨胀。2008 年年底到 2013 年年底，资产规模几乎翻了一番，截至 2014 年年底，资产总额达到 4.5 万亿美元，机构债、机构发行的住房抵押贷款支持证券与国债成为美联储最为主要的资产，美联储不但是金融中介的最后贷款人，还成为金融市场的最后做市商。

第四节

美国量化宽松政策的实施绩效

就对金融市场与宏观经济的影响而言，美联储采用量化宽松政策，有效地降低了长期利率与失业率，但是对通货膨胀预期的影响有限。

（一）量化政策实施绩效的研究方法

在理想的情况下，为了评估非传统措施的有效性，需要采用反事实分析法，这就要求首先回答一个问题：如果不推出非传统货币政策措施，金融市场与宏观经济会怎样？从理论上很难给这个问题提供具有说服力的答案。于是，经济学家尝试探究与之相关，但难度相对较低的两个问题：非传统货币政策导致长期利率降低多少？对宏观经济产生什么样的影响？

从实证方法来看，有三种方法测算量化宽松政策对金融市场与宏观经济的影响：第一种是运用向量自回归（VAR）分析；第二种是运用一般均衡的结构模型；第三种是事件研究法。就运用向量自回归（VAR）分析与一般均衡的结构模型而言，由于经济变量出现突变，在平常时期的实证规范不太可能适用在危机时期的研究，同时，效果的大小会取决于研究方法和选取样本的时间段，因而波动性很大。在文献中，一个比较好的剥离出非传统货币政策影响的方法是事件分析法。这个方法要求在一个很窄的窗口期内计算收益率或者宏观经济指标的变化，这个时间段通常是官方宣布或者实施相关非传统货币政策消息的当天。这种方法有两个主要的假设：其一，在非传统货币政策消息宣布或者实施的当天，这个消息会主导所有影响债券收益的冲击；其二，债券价格具有前瞻性，并且能够迅速且准确地对预期的非传统货币政策做出反应。

虽然事件分析法是一个强大的工具，但仍有其局限性。首先，市场对于非传统货币政策的反应（通常对于经济来说是积极的）可能会受同期触发此次行动的下行经济环境（通常对于经济来讲是负面的）的抵消。其次，因为这一研究方法窗口期很短，其可能会忽视了一些更为持久的影响，毕竟，影响金融市场与宏观经济的因素很多，既有暂时的冲击，又有持久的动力；既有预期到的因素，也有未预期到的因素。

（二）量化宽松政策的实施绩效

美联储采用的量化宽松政策措施五花八门，如购买机构债、购买长期债券与扭曲操作等，以恢复金融市场功能与实现宏观经济复苏。因此，可以从金融市场与宏观经济两个层面，进行评估美国量化宽松政策的实施效果。

1. 美国量化宽松政策对金融市场的影响

从美联储推出量化宽松政策来降低长期利率的效果看，伊里格（Ihrig）等于2012年运用无套利期限结构模型进行研究，结果表明，前两轮量化宽松政策与扭曲操作导致10年期国债收益率下降64个基点，具体而言，第一轮量化宽松政策导致10年期国债收益率下降大约30个基点，第二轮量化宽松政策导致10年期国债收益率下降8个基点，扭曲操作导致10年期国债收益率下降25个基点。加尼翁（Gagnon）等于2011年运用事件研究分析，发现推出大规模资产购买计划之后，购买1.7万亿美元的资产，导致10年期国债收益率下降62个基点[①]，10年期机构债的收益率与机构发行的住房资产抵押证券的收益率下降得更多；运用时间序列分析，发现推出大规模资产购买计划之后，购买1.7万亿美元的资产，导致10年期国债收益率下降52个基点。他们把长期利率降低归因于期限溢价的下降，而不是未来短期利率的预期。鲍尔（Bauer）与鲁迪布什（2013）运用动态期限结构模型，分析美国长期利率下降的原因，其研究结果显示，主要是

---

① FRB/US 模型模拟结果表明，在正常时期，联邦基金利率下调100个基点，10年期国债收益率下降15个基点。

通过信号渠道，使得预期的改变，而不是期限溢价的改变使得长期利率下降。克里希纳穆尔蒂和维辛－乔根森（Krishnamurthy and Vissing-Jorgensen）于2011年运用事件研究分析，研究了两轮量化宽松的货币政策对长期利率的影响，第一轮量化宽松的货币政策使得长期国债与机构债收益率下降100多个基点，第二轮量化宽松的货币政策使得长期国债与机构债收益率下降大约20个基点；就采用时间序列研究得出的结论而言，汉密尔顿和吴（Hamilton and Wu，2010）测算购买4000亿美元的长期债券，同时用同等数量的短期债券冲销，10年期国债收益率将会降低14~67个基点。这些实证结果表明，购买长期国债可以降低长期利率，因此，中央银行具有一些降低长期利率的能力。

但是，如图5－4所示，根据艾德里安（Adrian）等于2013年的研究，从20世纪80年代初期，美国十年期国债收益率中的期限溢价就开始大幅度下降，因此，很难分辨出是美联储购买长期国债对美国长期国债期限溢价下降的贡献度。

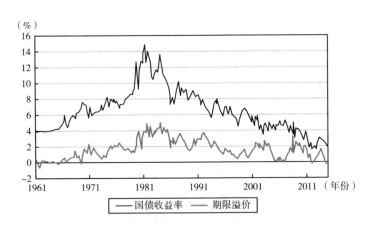

图5－4　美国10年期国债收益率与期限溢价

资料来源：Bernanke（2015）：Why Are Interest Rates So Low，Part 4：Term Premiums，http：//www.brookings. edu/blogs/ben-bernanke/posts/2015/04/13-interest-rate-term-premiums.

2. 美国量化宽松政策对宏观经济的影响

就运用一般均衡的结构模型而言，内格罗（Negro）等于2010年运用包含金融摩擦的DSGE模型，采用美国经济的数据进行校准，结果发现，实施量化宽松政策防止了产出的大崩溃与通货紧缩的持续存在。钟（Chung）等于2011年运用

FRB/US 模型估计了第一轮量化宽松政策的影响，结果显示，第一轮量化宽松政策的推出增加了 300 万个工作岗位，通货膨胀率提高 1 个百分点。

就运用时间序列计量模型而言，奥利维（Olivei）等于 2011 年假定第二轮量化宽松的货币政策降低美国长期利率 20 ~ 30 个基点，测算其对真实产出与通货膨胀的影响，他们结合向量自回归模型（VAR）、波士顿联邦储备银行模型与 FRB/US 模型的信息，研究发现推出第二轮量化宽松的货币政策之后的两年里，产出提高了 60 ~ 90 个基点，同期的失业率下降了 30 ~ 40 个基点。贝梅斯特和贝纳蒂（Baumeister and Benati，2013）的研究得出类似的结论，他们假定长期利率降低 25 个基点，运用时变参数结构向量自回归模型（TVP-VAR），并通过反事实模拟，结果显示，如果不采用资产负债表政策，2009 年第 3 季度，通货膨胀率将会低至 -1%。2009 年第 4 季度，实际国内生产总值将会下降 0.9%，失业率将会上涨 0.75 个百分点，达到 10.6%。

就事件研究法的运用而言，法默（Farmer）在 2012 年的研究发现，在 2008 年 12 月，通货膨胀预期是 -4.5%，在推出第一轮量化宽松的货币政策之后，到 2009 年秋季，通货膨胀预期是 1%，量化宽松的货币政策有效提升了通货膨胀预期。帕索格勒（Pasaogullari）于 2015 年运用费城联储的专业预测季度调查报告，数据显示，在推出第一轮量化宽松的货币政策之后，居民消费价格指数预期与核心居民消费价格指数预期分别下降 0.7 个百分点与 0.3 个百分点；在推出第二轮量化宽松的货币政策之后，居民消费价格指数预期与核心居民消费价格指数预期分别上升 0.5 个百分点与 0.4 个百分点；在推出第三轮量化宽松的货币政策之后，居民消费价格指数预期先下降，紧接着上升，整体而言，通货膨胀预期的变化非常有限。

第五节

量化宽松政策的潜在风险

在传统的货币政策没有较好调控效果的背景之下，美联储采取量化宽松政策有助于改善融资环境，刺激经济复苏，但是，美联储非传统货币政策在刺激力度、退出战略等方面仍存在一定的风险。

（一）美联储的量化宽松政策刺激力度难以把握

尽管在金融市场混乱与经济衰退时，采用资产负债政策可以缓解金融市场压力，遏制经济衰退，然而，从定量的分析来看，缺少量化宽松政策的实证经验，因而，量化宽松政策的操作力度难以把握（伯南克，2010）。

需要指出的是，在联邦基金利率几近为零的背景下，低利率会导致过度的风险分担①，基本理由有两个：（1）根据薪金制度安排，资产管理者基于超出最低水平（通常为零）的收益而获得报酬，鉴于此，在名义利率处于低水平的情况下，只有进行高风险投资，才能给他们带来高收入；也可能由于固定利率承诺，就像保险公司提供的合同一样，这会迫使公司去寻求高风险高收益的投资。（2）根据收入和估值效应，低利率会提高净利息收益率，提高金融企业的价值，提高他们提升杠杆水平和承担风险的能力，而且，低利率能提升抵押品价值，从而促使增加信贷。

（二）美国量化宽松政策的退出战略需要研究

为应对金融危机和经济衰退，美联储将联邦基金利率降至 0 ~ 0.25% 的历史最低水平，并创新了多项货币政策工具，向市场注入大量流动性，从而有效稳定了金融市场。但这些措施导致美联储的资产负债表规模从危机前的 9000 亿美元迅速膨胀到 2014 年年底的 4 万多亿美元，随着经济走向复苏，货币流通速度加快，美联储如何回收流动性，避免资产价格泡沫和通货膨胀，成为全球金融市场和各国政府决策者关注的焦点。

市场并不确信美联储能够平稳退出资产负债表政策，如果美联储资产负债表政策退出过快，可能会引发新一轮的经济低迷；如果等待时间过长，可能会酿成通货膨胀；如果措施不得当，可能会造成金融市场的动荡。美联储也不清楚金融市场对量化宽松政策退出的反应，因此，资产负债表政策的退出次序、退出工

---

① 这一机制称为"货币政策的风险承担渠道"。

具、退出力度和退出速度等方面还需要加强研究。

（三）美国量化宽松政策的潜在损失

美联储在资产市场上经常购买的是长期债券，这会使其面临利率风险，如果购买的是私人债券，则还面临信用风险，因为此类债券价格可能发生大幅波动，这些债券的或有损失意味着美联储资产负债表中的资本会受到侵蚀（米什金，2011）。

目前，主要经济体中央银行的资产负债表目前呈现两个特点：第一，资产负债表过于庞大；第二，中央银行拥有太多到期时间较长的资产，它们无法在资产负债表政策退出之前到期。中央银行为了逐步退出宽松政策势必要出售资产，而这造成了资产价格下跌，从而给中央银行带来损失，并且中央银行也无法一下子将资产规模削减到正常水平；与此同时，与之相伴的上升的利率会使得中央银行需要向拥有的负债支付更高的利息，这无疑又加剧了损失。

第六节

小　结

对于量化宽松政策而言，购买公共部门发行的长期安全债券（long-term safe bond），抬高这些资产的价格，降低它们的收益率，其效应溢出到对私人部门发行的长期安全债券，可以产生理想的效果。但是，私人部门发行的长期安全债券（比如 AAA 级企业债）非常有限，也就是说，美国的量化宽松政策可以改善政府的融资环境，但是不能有效改善私人的融资环境，对借贷活动只有有限的直接影响。在美国，几乎所有由资产负债表扩张所产生的超额准备金，都作为准备金余额在美联储休眠，而这些资金只有借给商业市场才能创造收入乘数，使经济活动扩张。简言之，量化宽松政策能够带来的净借贷非常之少，从而使得美联储资产负债表政策的效力大打折扣。同时，大规模资产购买计划原本旨在降低长期利率和金融市场风险溢价，但同时也扭曲了市场信号。政府债券的长期收益率是金融中介的一个重要指标，其处于极低水平可能导致更广范围内的金融错误定价，使金融市场无法有效跨期分配资源。

总而言之，在防范金融体系崩溃和促使经济复苏方面，美国量化宽松政策工具发挥了关键的作用，但量化宽松政策的局限性不容低估。量化宽松政策可以提供流动性，化解流动性风险，但并不能化解深层的偿付风险问题。量化宽松政策可以用时间换取修复资产负债表与结构改革的空间，但却不能取代它们，如果不能认识到量化宽松政策的局限性，将导致美联储不堪重负，触发一系列潜在的风险，造成金融不稳定，降低美联储的信誉，延缓美国经济与全球经济的复苏。无论如何，在危机管理当中，货币政策的作用只能是为走出危机创造稳定的货币金融环境，复苏与繁荣的根本动力终究还要源自企业家持续不断地在实体经济层面实施的各类创新活动。

附表 美国推出的量化宽松政策措施

	声明日	终止日	购买资产	购买数量	目标
第一轮量化宽松政策	2008 年 11 月 25 日	2010 年 3 月	机构债；机构 MBS	机构债：1000 亿美元；机构 MBS：5000 亿美元	降低住房购买成本与增加住房信贷供给；降低长期利率期限溢价
	2009 年 3 月 18 日		机构债；机构 MBS；长期国债	机构债：1000 亿美元；机构 MBS：7500 亿美元；长期国债：3000 亿美元	
第二轮量化宽松政策	2010 年 11 月	2011 年 6 月	长期国债	6000 亿美元	降低长期利率期限溢价
期限延长计划（扭转操作）	2011 年 9 月	2012 年 6 月	购买 6～30 年期限的债券	4000 亿美元	降低长期利率期限溢价
	2012 年 6 月	2012 年 12 月	购买 6～30 年期限的债券	数量受持有短期债券的约束	降低长期利率期限溢价
第三轮量化宽松政策	2012 年 9 月	2014 年 10 月	机构 MBS	400 亿美元/月	降低住房购买成本与增加住房信贷供给

资料来源：切乔尼、费雷罗和塞奇（Cecioni, Ferrero and Secchi, 2011）与罗森格伦（Rosengren, 2015）。

第六章

美联储前瞻指引：理论基础、
发展脉络与潜在风险 *

2007 年夏爆发的资产价格下跌，信贷市场紧缩，重重打击了美国和其他国家的经济活动。从 2007 年 9 月起，美联储采取了激进的降低短期利率行动，在 2008 年 12 月的会议上，联邦公开市场委员会下调其联邦基金利率近于其下限，至 0~0.25%。在短期利率接近零下限时，为了改善金融环境，包括促进股票价格与房地产价格上涨，进一步刺激经济复苏，美国中央银行家采用两种降低长期名义利率的策略：第一，承诺将短期利率在一段时间内维持在零水平，一直维持到利率恢复的条件就绪之后，这是美联储所谓的前瞻指引；第二，购买长期债券，由此提升对市场中剩余债券的需求，由此来压低长期利率，美联储旨在运用它的大规模资产购买计划抽出私人投资组合中的长期债券，寄希望于私人投资者重新平衡投资组合时，长期债券的价格上涨，收益率下降，也就是量化宽松政策。

作为美联储的一项重要政策创新，美联储前瞻指引旨在从修复金融市场转向改变市场价格与实现充分就业。本章力图从梳理现有的文献与总结美联储的实践中，说明前瞻指引发挥作用的理论基础，厘清美联储前瞻指引的发展脉络，介绍美联储前瞻指引对金融环境与宏观经济的影响，指出长期使用前瞻指引给中央银行、金融稳定与宏观经济带来的负面冲击。

---

* 本章的主要部分以题为《美联储前瞻指引：理论基础、发展脉络与潜在风险》发表于《新金融》2015 年第 4 期。

第一节

前瞻指引的理论基础

中央银行增强与公众的沟通能力，提高货币政策有效性。中央银行并不控制当前的通货膨胀或者产出缺口，而只是调控它们的预期值。因此，在一定程度上，中央银行调控目标是针对通货膨胀与产出缺口的预期值。在过去 20 多年里，美联储的市场参与度越来越高，其与公众的沟通能力是影响货币政策效力的一个重要因素。

（一） 偏离纯理性预期范式的现实世界

在纯理性预期范式里，经济环境是静态的，预期是理性的，中央银行承诺采用不变的政策。在纯理性预期的世界，中央银行信息沟通纯属多余，因为市场参与者可以观察中央银行的行为，从而准确推断货币政策的系统模式。

显然，纯理性预期范式不符合现实。纯理性预期范式也许只是一种假想，但它的确给出了一个有用的概念性要点——通过货币政策信息沟通所获得的任何有价值的东西都是源自四种情况：（1）世界与中央银行随时都在变化；（2）缺乏政策规则承诺；（3）如果存在中央银行的政策规则的话，市场参与者无法很好地理解它；（4）非理性预期。布兰德等（Blinder et al. ，2008）指出，中央银行进行良好的信息沟通能同时影响上述四种情况，因此还需要弄清楚的是，任何偏离纯理性预期范式条件的货币政策分析，如果它忽略了中央银行的信息沟通，都将存在严重的缺陷。

（二） 货币政策通过影响市场预期而发挥效力

从主要经济体来看，中央银行的信息沟通越来越重要。在过去 20 多年里，随着中央银行参与市场的复杂度越来越高，货币政策最显著的进展之一，是中央银行与市场参与机构、个人的沟通越来越富有经验，而且这种沟通也越来越重要，其目的在于减少央行与公众之间的信息不对称，引导公众预期，更好地实现政策目标（万志宏、曾刚，2013）。一般情况下，货币政策的效果主要依赖于：中央银行向公众发布的公告是可信的，这将引导市场参与者的政策预期。这时候，货币政策的效果是否理想，将有赖于中央银行与公众的沟通效力，有时候货币政策效果很大程度上受此影响。

信息沟通是一种关于政策决策、通货膨胀目标、预测等信息的传递，中央银行并未承诺在未来要做什么或不做什么（尽管它可能暗示会那样做）。中央银行发布的"未来趋势"取决于很多未来变量，也只是对自己未来行为一种有条件的预测。

公众的行为具有前瞻性，对于未来市场环境的预期是决定当前行为的重要因素。货币政策的有效性取决于政策行动影响公众预期，进而公众预期影响金融环境，最终影响产出、就业与通货膨胀。需要指出的是，从历史经验来看，尽管中央银行信息沟通对金融市场的影响非常迅速，但利率和资产价格对其他经济部门的影响却是渐进的——这些滞后漫长而且多变。

（三）前瞻指引有助于引导市场参与者的政策预期

中央银行并不控制当前的通货膨胀或者产出缺口，而只是调控它们的预期值。在一定程度上，中央银行的调控目标是针对通货膨胀与产出缺口的预期值。这是因为在货币政策传导中存在时滞，使得中央银行无法调控当前的变量。中央银行把短期利率作为政策工具，影响宏观经济运行的机理在于：很大一部分支出（比如企业扩大规模、家庭购买住宅等）决策取决于对长期利率的预期，在金融市场运行良好的情况下，中长期利率与短期利率具有明确的关系，中央银行调控短期利率，就相当于调控长期利率。在金融市场运行严重受损或者短期利率达到零利率下限的情况下，短期利率与长期利率脱节，如果中央银行的承诺可信，同时，市场参与者的预期正确，只要中央银行对未来短期利率路径的表述清晰，市场参与者就会充分理解货币当局政策的真正意图，从而形成理性预期，直接调控中长期利率，进而促进家庭消费与企业投资做出相应的改变。

上述机制用新凯恩斯主义经济模型表示为：

IS 曲线： $\qquad\qquad \pi_t = \alpha\, x_t + \beta\, E_t \pi_{t+1}$ $\qquad\qquad$ (6-1)

AS 曲线： $\qquad\quad x_t = E_t \pi_{t+1} - \sigma[\, i_t - E_t \pi_{t+1} - r_t^n\,]$ $\qquad$ (6-2)

零利率下限约束： $\qquad\qquad i_t \geq o$ $\qquad\qquad\qquad\qquad$ (6-3)

其中，π_t 表示通货膨胀率，x_t 表示产出缺口（实际产出与自然产出的差异），E_t 表示预期因子，i_t 表示名义、短期、无风险利率，r_t^n 表示自然利率，$0 < \beta < 1$ 表示效用贴现率，α 表示菲利普斯曲线的斜率，σ 表示跨期替代的弹性，α、σ 是正的参数。

为了简单起见，假定在没有受到货币政策冲击的情况下，真实利率（$i_t - E_t \pi_{t+1}$）等于自然利率，产出缺口与通货膨胀率等于零。在短期利率达到零利率下限的情况下，中央银行向市场宣布将短期政策利率锚定在零附近相当长一段时间，试图使市场参与者在未来一段时间内，预期利率为零或接近于零，那么真实利率就会下降，低于自然利率。

假定从长期来看，货币政策对产出不产生影响，由式（6-1）与式（6-2），可以推导出式（6-4）与式（6-5）：

$$x_t = -\sigma \sum_{j=0}^{\infty} E_t (i_{t+j} - E_{t+j}\, \pi_{t+j+1} - r_{t+j}^n) \qquad (6-4)$$

$$\pi_t = \kappa \sum_{j=0}^{\infty} \beta^j\, E_t\, x_{t+j} \qquad (6-5)$$

从产出缺口来看，如式（6-4）所示，实施前瞻指引后，产出缺口立即增加，并且在未来一段时间一直增加。同时，前瞻指引的期限越长，产出缺口的累积效应就越大。

从通货膨胀率来看，如式（6-5）所示，实施前瞻指引后，产出缺口决定前瞻指引对通货膨胀率的反应，前瞻指引的期限越长，产出缺口的累积效应决定通货膨胀的累积效应就越大。

总而言之，货币政策对实体经济产生影响，必须通过中长期利率传导，而货币政策工具通常只能有效影响短期利率，短期利率影响中长期利率的程度影响货币政策的效力。在经济危机时期，社会公众不能用过去的经验判断经济前景与形成未来货币政策预期，中央银行通过前瞻指引引导公众的预期：在未来数年，中央银行将如何利用短期政策利率来影响经济形势？前瞻指引的期限越长，产出缺口的累积效应就越大，产出缺口的累积效应越大决定通货膨胀的累积效应就越大，进而促进经济复苏。

第二节

美联储前瞻指引的发展脉络

前瞻指引是美联储进行信息沟通的一项政策创新，就政策利率未来的可能走势与公众进行沟通，进而管理市场对未来政策的预期。卡尼（Carney，2013）认为，前瞻指引可以分为三代：第一代是定性地描述未来可能选取的路径，比如中央银行表示政策利率会维持"一段时间"或者"更长的一段时间"；第二代是日期指引，即中央银行表示可能在某个时间点之前，维持政策利率不变；第三代是以经济状况为参照的前瞻指引，即中央银行承诺在经济状况达到某个水平前，维持政策利率不变。按照这种分类，美联储已经采用了三代前瞻指引。

（一）第一代前瞻指引

早在2003年8月，美联储察觉宏观经济具有通货紧缩的风险，联邦公开市场委员会就开始启用前瞻指引，向公众声明未来意图和预期的信息。在政策声明中，联邦公开市场委员会指出，宽松的货币政策会维持"一段时间"，五个月后，当通货紧缩的风险解除后，联邦公开市场委员会指出，"谨慎地改变宽松的货币政策"，又过了四个月，也就是在2004年5月，联邦公开市场委员会指出，"缓慢而又有节奏地改变宽松的货币政策"。它代表着联邦公开市场委员会有史以来第一次利用前瞻指引作为主要货币政策工具。

2007年金融危机爆发之后，美联储运用第一代前瞻指引颇为频繁。2008年12月，联邦公开市场委员会最初运用定性的措辞进行前瞻指引——2008年12月，联邦公开市场委员会称"在一段时间内，经济疲弱可能需要联邦基金利率维持超低水平"，在2009年，传递联邦基金利率未来趋势的信息成了唯一的政策选项，2009 年 3 月之后，联邦公开市场委员会的会后政策声明都指出，"在较长时期内，经济环境可能需要联邦基金利率维持超低水平"，一直到 2011 年 7 月，联邦公开市场委员会都是类似表述。

第一代前瞻指引的特点是，更多的定性化和更少的确定性。这种缺乏坚定承诺的前瞻指引，表明中央银行对经济前景的判断并不明朗，不能反映出货币政策调整的原因及逻辑，与此同时，市场参与者也不清楚中央银行的目标，因此，市场参与者形成的预期比较模糊。但是，这样做最大的好处是，可以增加中央银行货币政策操作的回旋余地。

（二）第二代前瞻指引

2011 年 8 月，联邦公开市场委员会最初运用基于日期的前瞻指引，美联储运用第二代前瞻指引。在 2011 年 8 月的会议上，委员会的声明指出，"至少在 2013 年中期以前，经济环境可能都需要联邦基金利率保持超低水平"，这使得前瞻指引变得更加精确。联邦基金利率保持在超低水平的日期后来又几次延长，2012 年 9 月被推迟到 2015 年中期，截至 2014 年 3 月，联邦基金利率保持在超低水平的日期还没有被延长，但是，美联储逐渐放弃运用基于日期的前瞻指引。

与第一代前瞻指引相比，第二代前瞻指引的特点是，表达更为清晰。但是，第二代前瞻指引并未解释经济前景变化如何影响未来货币政策，而这是前瞻指引的一个重要约束。2012 年，美联储曾两次调整前瞻指引的时间，先是把联邦基金利率维持在极低水平延长到 2014 年年末，后来延长到 2015 年中期，这令公众不确定它是否会再次调整前瞻指引，以及在何种情况下会再次调整前瞻指引。随着时间的推移，第二代前瞻指引的可信度下降，因为市场参与者明白前瞻指引是以经济前景为前提的，一旦经济出现新变化，中央银行会重新评估这类前瞻指引，而后续修订前瞻指引时，往往意味着经济前景的变化或者货币政策立场的变化，这会影响市场预期，造成动态不一致问题，影响中央银行信誉。

（三） 第三代前瞻指引

对于提高前瞻指引的有效性而言，明确未来货币政策的标准至关重要。追求充分就业与实现物价稳定是美联储的政策目标，为使公众更加清楚美联储的追求目标，2012 年 12 月，美联储编写和发布关于长期目标和货币政策策略的声明。该声明首次陈述了联邦公开市场委员会认为符合其双重使命的通货膨胀率和失业率水平，具体而言，符合委员会的价格稳定使命的长期通货膨胀目标是 2%，委员会各成员对于长期正常失业率的估计值趋向于 5.2% ~ 6%。公开市场委员会认为，"只要失业率维持在 6.5% 之上，未来一到两年的预期通货膨胀率与委员会长期目标 2% 相比不超出半个百分点，同时，更长期通货膨胀率预期依然在锚定范围内，公开市场委员会决定把联邦基金利率的目标区间维持在 0 ~ 0.25%。"也就是说，美联储介绍了货币政策的反应函数——上调联邦基金利率的先决条件就是失业率低于 6.5% 或者通货膨胀率高于 2.5%。

2014 年 3 月，公开市场委员会认为，"对于将联邦基金利率维持在 0 ~ 0.25% 有多久，委员会将评估实际与预期情况，看是否朝着美联储最大化就业和 2% 通货膨胀目标前进。委员会在评估过程中，将考虑广泛的信息，包括劳动力市场情况、通货膨胀压力指标、通货膨胀预期和金融环境发展的相关信息。基于对这些因素的评估，委员会认为，在资产购买计划结束后，假定长期通货膨胀预期牢牢受固，将联邦基准利率维持在当前目标范围内相当长时间是合适的，特别是当前通货膨胀水平持续低于 2%。"从 2014 年 3 月起，美联储综合运用了第三代与第一代前瞻指引，可以称作第三代前瞻指引的"升级版"，同时，除了通货膨胀与劳动力市场的情况外，美联储上调政策利率还需要考虑金融市场状况。

在第三代前瞻指引中，联邦公开市场委员提供了比过去多得多的信息，美联储清楚地表述政策改变的条件，因此，第三代前瞻指引较少受到动态不一致问题的干扰。但是，它的表述越来越复杂，上调政策利率涉及的信息越来越丰富（包括劳动力市场情况、通货膨胀压力指标、通货膨胀预期和金融环境发展等相关信息），而对失业率等真实变量（real variable）的影响，货币政策并没有有效工具，这会影响到市场参与者对货币政策的准确解读与对货币政策的正确预期。

第三节

美联储前瞻指引的实施绩效

为了应对金融危机，美联储采用适合自身金融市场与宏观经济的措施，包括量化宽松的货币政策与前瞻指引。对于量化宽松的货币政策的实施绩效研究较多。虽然理论模型已证明前瞻指引确能提高货币政策效率，实践中也有很多央行采用这一工具，但通过经济数据来验证不同央行前瞻指引政策的效果却比较困难（卢蕾蕾、李良松，2014），因此，对前瞻指引的实施绩效研究较少。现有的研究显示，在一定程度上，前瞻指引改善了金融市场环境、扩大了企业投资与增加了家庭消费，但是，难以对经济增长产生实质性促进，迄今为止，美联储的前瞻指引难言非常成功。

（一）前瞻指引改善金融市场环境

对于计量经济学家来说，要估计中央银行前瞻指引的影响，使用来自金融市场的高频数据远比使用宏观经济表现的低频数据要容易得多。费米亚等（Femia et al.，2013）考察了第二代前瞻指引对资产价格的影响，直接观察数据发现，在2011年8月9日、2012年1月25日及2012年9月13日的联邦公开市场委员会的声明之后，国债收益率、利率的波动性明显降低，股票价格指数上升，金融环境得到改善，为经济增长创造条件。坎贝尔等（Campbell et al.，2012）研究了美联储的前瞻指引对资产价格与宏观经济所产生的影响，发现前瞻指引显著影响国债收益率与公司债收益率，并且对公众的宏观经济预期产生影响，联邦基金远期利率的上升，意味着美联储预期未来经济会得到改善，在这一判断之下，公众会下调失业率预期，同时上调通货膨胀预期。菲拉多和霍夫曼（Filardo and Hofmann，2014）的观察发现，第一代前瞻指引实施之后，远期利率与长期利率下降得最多，当然，在此期间，美联储下调利率与资产购买计划对长期利率的影响也不能忽视；第二代前瞻指引的实施效果越来越弱，在2011年8月，美联储运用前瞻指引导致2年期远期利率下降20多个基点，而在2012年1月与9月，实施前瞻指引导致 2 年期远期利率只下降 5 个基点；第三代前瞻指引的效果很难量化，资产购买规模的削减会导致远期利率与长期利率上升，不过由于远期利率与长期利率变化不大，这从侧面说明，第三代前瞻指引改善了金融环境的有效性。总体来说，大量研究表明，前瞻指引对长期利率具有很大的影响。

（二）前瞻指引刺激总需求的扩张

对于宏观经济学家而言，大多数实证研究集中于短期的可预测性上。加文等（Gavin et al.，2013）的研究发现，前瞻指引的有效性取决于家庭预期经济是否复苏，家庭预期经济复苏，未来扩张性货币政策的前瞻指引将会降低名义利率，增加家庭消费，前瞻指引的期限越长（a longer forward guidance horizon），这一效应越大。拉斯金（Raskin，2013）实证研究结论为，基于日期的前瞻指引能够显著改变投资者对联邦公开市场委员会反应函数的认识，公开市场委员会的前瞻指引降低了短期利率的敏感性，同时，这一研究结果是稳健的，其政策含义是：短期利率预期值敏感性的下降有助于长期利率维持在较低水平，这有助于企业增加投资与家庭扩大消费，从而刺激总需求的扩张。坎贝尔等（2012）与拉斯金（2013）的研究结果表明，公众对利率的期望与美联储的前瞻指引是相一致的，因而前瞻指引可以刺激总需求。从降低失业率的角度来看，实施量化宽松与前瞻指引的货币政策，在 2015 年之前，失业率下降 1.25 个百分点；从提升通货膨胀率的角度来看，实施量化宽松与前瞻指引的货币政策，在 2016 年之前，通货膨胀率上涨 0.25 个百分点（恩金等，2015）。

（三）前瞻指引难以拉动经济产生实质性的增长

从 2009 年起，美国经济开始逐步复苏，但在本轮复苏中，国内生产总值和就业增长却从未达到以往历次经济复苏惯有的强度。近几年，美国年均国内生产总值增速始终低于 2%，就业增长也慢于人口增长。第二次世界大战后至本次危机前，美国历次经济衰退均缘于美联储提升利率对抗通货膨胀。当美联储达到其目的时，就会逐步降低利率，经济也随之迅速恢复活力。与此不同的是，2006年，房地产价格开始下跌，抵押贷款借款人开始违约。其他以抵押贷款为基础资产的金融资产价格也随之大幅下挫，并导致金融机构间相互借贷、金融市场失灵、信贷市场干涸。在这种状况下，降低联邦基金利率并不能引发快速的经济复苏，美联储采用非常规货币政策降低长期利率，但房地产价格仍持续下跌至2012年。同时，在2013年之前，股票市场上升幅度也低于企业盈利的增速。国际金融危机爆发之后，基于泰勒规则进行测算，联邦基金的影子利率应该是负值，而在实际操作中，由于零利率下限的约束，把联邦基金利率调为负值并不可行，近几年来，作为唯一持续实行的经济刺激政策，美联储的非常规货币政策不能完全充分抵消零利率下限约束的影响，实施量化宽松与前瞻指引的货币政策，已经不能对经济增长产生实质性促进作用。简单来说，包括前瞻指引在内的非常规货币政策难以拉动经济产生实质性的增长。

总而言之，在短期利率处于零下限时，前瞻指引已成为中央银行的重要工具。但是标准的中型动态随机一般均衡模型往往严重高估前瞻指引对宏观经济的影响，亦即"前瞻指引之谜"。最近几年，中央银行越来越把前瞻指引作为货币政策的核心工具，特别是在全世界的利率受到零利率下限约束的情况之下。标准的货币政策模型认为对未来的前瞻指引特别有效：对未来政策利率的承诺，对经济产出具有巨大的影响，并且前瞻指引的期限越长，对经济的影响就越大。麦凯等（McKay et al.，2015）的研究显示，前瞻指引的效力对完全市场的假设极其敏感。考虑到经济主体面对收入风险与借贷约束，那么谨慎性储蓄就会减弱对中央银行承诺未来政策利率的反应。他们运用一般均衡模型，考虑到经济主体面对收入风险与借贷约束，结果显示：对未来5年利率的前瞻指引，对产出和通货膨胀的影响大致是标准模型的40%。对未来10年利率的前瞻指引，对当前产出几乎不产生影响。

第四节

美联储前瞻指引的潜在风险

作为中央银行的一项新工具，前瞻指引并非美联储原先想象得那么完美，其技术缺陷也日渐显现。不断更改前瞻指引框架，给中央银行信誉造成冲击；长期超低的短期利率水平，使投资者投资高风险金融工具，给金融稳定构成威胁；长期超低的短期利率水平，使企业更倾向于劳动节约型的投资，给经济增长质量带来压力。

（一）前瞻指引框架不断更改给中央银行信誉造成冲击

在很大程度上，前瞻指引的有效性取决于公众对中央银行做出承诺的信任，但是，中央银行将一直实施其认为适合经济状况的政策举措，事实上，货币政策制定者与市场参与者都不能准确地预测未来，经济表现很可能与预期的偏差较大。如果对经济的预期是错误的，中央银行将永远只能实施适合经济的政策，那么，提前的政策承诺将不具有任何约束。

市场参与者预期到提前的政策承诺将不具有任何约束，他们就会挑战中央银行的前瞻指引。当然，通过引进宏观经济门槛值（失业率和通货膨胀水平）作为前提条件，可以给美联储提供必要的政策灵活性，以应对市场参与者的冲击。但是，美联储一再更改前瞻指引框架，改变上调利率的条件，在某种意义上，"前瞻指引"变成"前瞻误引"，这将会稀释提前承诺的核心信息，不利于形成美联储期望的市场预期，从而影响美联储信誉与前瞻指引的有效性。

（二）前瞻指引给金融稳定构成威胁

长期利率主要受到预期货币政策的影响，这是因为想要进行长线投资的投资者要么持有长期资产，要么不断对短期资产进行展期。如果他们对风险并不厌恶，长期利率应该是预期未来连续短期利率的平均值。真实世界的投资者是对风险厌恶的，较长期限投资的回报更不确定，因此，长期利率中包含风险溢价，这种风险溢价被称为期限溢价。鉴于此，长期利率由两部分构成：名义利率的预期路径与期限溢价。在接近零利率下限时，中央银行前瞻指引短期利率的走势，投资者对短期资产进行展期固然可以降低长期利率，但是，利率在过长时期维持在过低水平，期限溢价的变化会导致长期利率的波动。从学术研究的角度来看，无论是经济学者还是决策当局对期限溢价是如何决定的认识并不深入，难以预测期限溢价的变化是利率剧烈波动的一大因素；从美联储的经验来看，资产购买计划影响长期利率的期限溢价，前瞻指引通过政策利率的演变路径影响长期利率，在实施第三代前瞻指引的过程中，资产购买规模不断削减，导致期限溢价上升。前瞻指引与资产购买规模削减（甚至资产出售）的共同作用，可能出现的一种效果就是利率剧烈波动，给金融稳定构成威胁。

另外，在资产市场上，往往是最乐观投资者的信念推动价格上涨，而不是那些温和派投资者的信念，乐观态度鼓励这些人利用杠杆激进地扩大仓位。通过实施前瞻指引，即使长期利率波动率降低到一定程度，这将使得一些乐观投资者进一步放大杠杆倍数，推高资产价格，造成资产泡沫，从而造成金融市场的巨大波动，为下一轮金融危机埋下隐患。

不可否认，对短期政策利率前瞻指引与量化宽松的政策结合，会压低固定收益证券的长期收益率。在这种情况下，只能获得最低名义回报的固定收益投资者将转而投资高风险金融工具，资金更倾向于流向上述的套利交易和投机行为，比如垃圾债券、新兴市场债券等，但是，这些金融风险承担可能并不转化为实际投资，而是造成投资扭曲。比如，对利率极其敏感的房地产价格可能上升，却没有建造新的房地产，从而加大房地产市场崩溃的风险，这会影响金融稳定，造成资源的错误配置。从现实状况来看，从 2011 年 11 月，美国房地产价格持续 20 多个月上涨，但是，新开工房地产数却在较小的波动性中趋于平稳状态。

（三）前瞻指引给经济增长质量带来压力

美国实施联邦基金利率几近为零的货币政策已经超过 7 年，最新运用的前瞻指引框架也没有给出上调政策利率的时间表，非常规的货币政策具有常态化倾向。从企业生产投入的角度来看，在一定程度上，资本与劳动力可以相互替代，在联邦基金利率为零的情况下，企业大幅度降低融资成本，使得企业的投资更倾向于劳动节约型，同时，持续的低利率政策，可能使那些本应倒闭的低效率企业继续以低生产效率、低增长的状态得以苟延残喘，进而减弱了长期资金优化配置的能力，从而延缓了实体经济复苏的步伐。就经济增长质量而言，实现的是"无就业复苏"[1]。

从对产出的贡献来看，劳动力份额下降，这一现象与资金成本的降低同步进行。就劳动力市场而言，从失业率来看，2014年1月，美国失业率降至金融危机以来的最低点6.6%，但是2月又回升到6.7%，同时，劳动参与率仍在最低水平徘徊；从工资增长速度来看，2009年以来该增长率停止在2%左右。这说明在很大程度上，尽管失业率从10%降至6.7%，劳动力市场的疲软状态还没有彻底改变；从劳动参与率来看，金融危机以来，劳动参与率已经下降3个百分点，2014年7月是62.9%，创下1978年的新低。劳动力市场已经成为美国经济不确定性最大的一个问题。

第五节

小　结

金融危机爆发之后，在短期利率接近零下限时，美联储创新货币政策工具，中央银行通过与公众就未来货币政策走势进行沟通，直接影响更长时期内公众对于利率走势的预期，从而对长期的利率产生影响，通过影响长期利率，最终对刺激总需求产生作用。在一定程度上，前瞻指引是增加中央银行透明度与改善中央银行沟通的核心工具，这有助于公众了解中央银行的政策反应函数，进而对未来货币政策的走势形成理性预期，提高家庭消费与企业投资做出正确决策的概率，提高货币政策的有效性，从而促进经济增长。

美国中央银行家运用前瞻指引的过程中，他们隐含的一个假设是：把市场看作一个能够与之理性交流的个体，但是，市场参与者是不尽相同的，最乐观的投资者会推动资产价格上涨，增加长期利率波动性，削弱货币政策有效性。目前来看，对金融市场的影响而言，美联储的前瞻指引政策可以降低短期利率的波动性，但是对长期利率预期的影响尚不清楚；对经济增长质量而言，前瞻指引不能产生实质性的促进作用。

---

① "无就业复苏"指的是经济复苏的速度远远快于就业的增长速度。

第七章

美国非传统货币政策的退出战略 *

为应对国际金融危机和经济衰退，美联储将联邦基金利率降至 0～0.25% 的历史最低水平，并创新了多项货币政策工具，向市场注入大量流动性，从而有效稳定了金融市场。但这些措施导致美联储的资产负债表规模从危机前的 9000 亿美元迅速膨胀到 4.5 万亿美元，随着经济走向复苏，关于美联储如何回收流动性，避免资产泡沫和通货膨胀，成为全球金融市场和各国政府决策者关注的焦点。本章首先回顾了危机以来美国货币政策的内容和效果，然后研究美联储非传统货币政策的退出工具、退出步骤和退出时间，最后展望美联储货币政策的变化可能产生的影响。

第一节

危机以来美联储资产负债表的变化

始于次贷市场的金融危机爆发后，为应对金融市场动荡和经济衰退，美联储 2007 年 8 月～2008 年 12 月先后 10 次大规模降息，联邦基金利率由 5.25% 降低到 0～0.25%，12 次降低贴现率累计 525 个基点至 0.5%。在短期利率没有下调空间的情况下，美联储一方面突破传统做法，创设短期流动性工具，发挥最后贷款人的作用，提供大量的流动性支持来应对危机；另一方面实施量化宽松货币政策购买长期债券，以进一步拉动经济复苏。

---

* 本章的主要部分以题为《美联储货币政策的退出战略》发表于《宏观经济研究》2011 年第 10 期，发表时的合作者是谭小芬博士。

非传统货币政策导致美联储的资产负债表规模迅速扩张，资产结构从短期和中期国债为主转变为长期国债、抵押支持债券（MBS）和机构债。根据美联储政策实施的特点，其资产负债表规模的变化大致可以划分为四个阶段。第一阶段：2007 年 8 月 1 日～2008 年 12 月 17 日。美联储采取特殊的流动性措施，导致美联储资产规模从 8585.30 亿美元扩张到 22266 亿美元，相应的，负债方的存款准备金从 122.45 亿美元急剧增加到 8004.03 亿美元。第二阶段：2009 年年初～2010 年 10 月。其中，从 2009 年年初到 2010 年 3 月 31 日，美联储资产方的流动性工具的规模逐渐下降，为保持资产总规模不变，美联储实施第一轮量化宽松政策（QE1），购买机构债、MBS 和长期国债，取代到期后逐渐萎缩的短期流动性工具。虽然美联储资产结构发生了变化，但是资产规模始终保持在 2 万亿～2.27 万亿美元，负债方的存款准备金进一步增加到 11246.79 亿美元。2010 年 3 月 31 日，美国第一轮量化宽松政策结束，此后直到 2010 年 10 月，美联储资产规模基本保持在 2.2 万亿美元。第三阶段：2010 年 11 月 3 日到 2011 年 6 月 29 日。美联储启动第二轮量化宽松政策（QE2）。美联储的资产规模由 22557.41 亿美元上升到 28434.33 亿美元，负债方的存款准备金达到 16461.21 亿美元。第四阶段：第二轮量化宽松政策刚结束三个月，美联储宣布实施期限延长计划，即所谓的"扭转操作"。该计划旨在将美联储系统公开市场账户（SOMA）持有国债的平均期限从约 75 个月延长至 100 个月，并将国债投资组合的久期从略低于 5 年延长至 7 年左右。这一目标将通过出售 4000 亿美元、3 个月至 3 年期部分国债和购买等额 6～30 年期限部分国债实现（李向前、郭强，2012）。2012 年 6 月 20 日，美联储继续实施期限延长计划：一直到年底，美联储都会继续延长持有债券的平均期限，购买等额 6～30 年期限的债券，出售等额的期限为 3 年及以下的债券。2012 年 9 月，美联储启动第三轮量化宽松政策。除了根据扭转操作购买长期国债外，美联储每月购买机构发行的住房抵押贷款支持证券 400 亿美元，与第二轮量化宽松政策不同，第三轮量化宽松政策结束的时间表具有开放性，该轮量化宽松政策与劳动力市场的改善紧密联系。到 2012 年 12 月，由于缺少短期国债而不得不终止扭曲操作，美联储每月直接购买长期国债 450 亿美元。

第二节

美联储实施退出战略的时机选择

本次金融危机后美国货币政策的扩张史无前例，因此，其政策退出面临的挑战也尤其严峻。如果美联储退出过快，可能会引发新一轮的经济低迷；如果等待时间过长，可能会酿成通货膨胀；如果措施不得当，可能会造成市场的动荡。因此，美联储正确选择退出时机至关重要。

（一）退出时机取决于美国经济前景和通货膨胀走势

按照历史经验来判断，美国经济需要达到以下两个条件才可能实施退出战略。一是核心通货膨胀率达到合意水平，接近 2% 水平；二是失业率明显下滑。

第一，核心通货膨胀率。历史经验表明，核心 CPI 上升超过 2% 通常都会触发加息。2011 年上半年，美国通货膨胀压力有所抬头，核心消费物价指数 2010 年 10 月时降至历史低点，仅为 0.6%，随后逐月上升，2011 年 6 月为 1.6%，这是自 2008 年 10 月以来的最高增速，并趋近于美联储的目标水平 2%。受美国终端需求增长和信贷解冻的驱动，能源及基础原材料价格的上涨进一步向下游更广泛的领域传导，美国核心通货膨胀率还将继续上升，不过，疲弱的就业市场抑制了工资跟随物价螺旋式上升，使得核心通货膨胀的上升应该是缓慢的。

第二，失业率持续下降是美联储实施退出战略的重要前提条件。虽然失业率自 2010 年 12 月以来呈下降趋势，但这在相当程度上是由于长期找不到工作的人离开就业市场，而并非就业市场的大幅好转。从就业参与率和失业持续时间来看，美国就业市场的复苏并不稳固：一是劳动人口所占比例正逼近 25 年来的最低位；二是美国 45% 的失业者已失业超过六个月[1]，长期失业率水平非常之高。长期失业将削弱人们的技能和就业能力，雇主也往往不愿意雇用长期失业者，这

---

[1] Board of Governors of the Federal Reserve System, 2011, Monetary Policy Report to the Congress, July 13.

些人会发现他们比以前越来越难以找到工作。目前很大一部分失业是结构性的，短期内难以得到有效缓解。比如，建筑和汽车等行业的衰落，以及美国高端制造业的重振国策造成部分传统的、低端的制造业工作向国外转移，损失的工作岗位将是永久性的。在这一轮经济衰退中，就业减少的规模比战后历次衰退中减少的规模大了一倍以上①。美国经济衰退结束，但就业人口依然比 2008 年 1 月峰值低近 700 万人。如果按 2011 年第二季度的就业增长速度，美国要花上近七年时间才能让所有失业人口重新就业。

从历次美国衰退结束后美联储加息时点前后美国失业率的状况可见，加息的时点滞后于失业率见顶的时间从 1 个月到 20 个月不等，这主要是与当时的通货膨胀背景有关。20 世纪 90 年代以前，美国处于高通货膨胀的背景下，美联储在失业率一出现下降之后就开始加息。而在 90 年代之后，随着全球经济进入大稳健（great moderation）时期，核心通货膨胀率出现下降，美联储更倾向于等待更长的时间。1992 年和 2001 年的经济衰退结束后，美联储分别在失业率见顶 20 个月和 12 个月之后才启动加息。本轮经济衰退后美国经济复苏偏弱，失业率下降极其缓慢，而降低失业率是美国大选年最重要的考量，这就使得美联储退出宽松货币政策的时间窗口可能会有所推迟。

从美国实施退出战略的两个条件来看，核心通货膨胀也可能逐渐走高，只有失业率远远偏离美联储设定的长期目标。触发美联储回归货币政策正常化的力量将是通货膨胀越过美联储的心理底线，而前提则是经济复苏和就业市场的改善达到美联储预期。② 在通货膨胀和经济走势不确定时，美联储不会急于制定清晰的政策退出时间表。

（二）　从泰勒规则和利率期货合约看美联储的加息时点

泰勒规则描述了过去二十多年美联储联邦基金目标利率如何对核心 CPI 和失

---

① 劳拉·泰森：《美国失业型复苏无异衰退》，载于英国《金融时报》，2011 年 7 月 11 日。
② 美联储隐含的通货膨胀率目标和失业率目标分别为 2% 和 5%，但是此次危机后自然失业率可能上升到 5% ~ 6%。

业率缺口（实际失业率与 CBO 估计的自然失业率之差）做出反应。根据泰勒规则，如果通货膨胀率下降 1 个百分点，联邦基金利率下调 1.5 个百分点；如果失业率上升 1 个百分点，联邦基金利率下调 1 个百分点。其公式可以表述为：短期名义利率 = 长期均衡的实际利率 + 当前核心通货膨胀率 + α × （当前核心通货膨胀率 - 核心通货膨胀目标）+ β × （自然失业率 - 当前失业率）。其中，长期均衡的实际利率为 2.0%，核心通货膨胀目标为 2.0%，自然失业率为 5.0%，α（通货膨胀缺口的权重）为 0.5，β（失业缺口的权重）为 1。泰勒规则的形式虽然很简单，但它很好地拟合了美联储 20 世纪 80 年代以来的货币政策操作[1]，同时还很好地反映了美联储的双重目标。

根据美联储对经济的预测，可以测算出联邦基金目标利率的泰勒规则值，推断出美联储要到 2013 年下半年才会提高利率。然而，简单泰勒规则忽略了零利率环境和非常规货币政策的实施。当联邦基金利率降低到零之后，美联储通过购买长期国债、联邦机构债券和抵押贷款债券，在相当大的程度上拉低了长期利率。长期利率变化的效应相当于相同水平的短期利率变化效应的 3 倍，美联储的资产购买将长期利率降低 0.5 ~ 0.75 个百分点，其刺激效果大致相当于短期利率下调 1.5 ~ 2.5 个百分点（鲁迪布什，2010）。考虑到非传统货币政策带来的刺激作用，短期利率水平应该高于泰勒规则的理论值。如果不考虑量化宽松政策，根据泰勒规则测算，美联储应该在 2015 年下半年开始进入加息通道。但如果考虑到量化宽松带来的流动性泛滥，联邦基金目标利率应该在泰勒规则经验值的基础上提升 2 个百分点[2]，美联储应该在 2012 年上半年结束零利率政策。

（三）美联储加息时间滞后于泰勒规则的理论值

在实践中，美联储加息时间会滞后于泰勒规则的理论值，主要理由如下。

第一，由于零利率限制的非对称性风险，美联储货币政策正常化很可能滞后。如果货币政策过早紧缩，由于零利率限制，再次下调利率的空间很小，可能

---

① 只有 1987 年，当美联储对股灾做出反应时，泰勒规则的利率值与实际值有一个较大的差距。
② 取 1.5 ~ 2.5 个百分点的平均值。

扼杀来之不易的经济复苏。如果经济增长超过预期，货币政策紧缩过晚，那么，美联储可以通过加速提高利率的方式来实现货币紧缩。显然，过早紧缩货币政策的风险明显高于过晚紧缩货币政策的风险。美联储需要对经济复苏的可持续性做出判断之后再决定是否收紧货币政策，因此，美联储货币紧缩的初期一定滞后于理论上的最佳加息时间。

第二，财政紧缩和美国大选也可能对货币紧缩的时点产生影响。2009年开始实施的财政刺激计划即将到期。此外，削减财政支出、增加税收的谈判正在进行，以进一步减少未来几年的财政赤字，美国的财政政策即将转入紧缩，这会拖累美国经济放缓。随着财政政策的刺激作用消退，经济增长的政策刺激需要更多地来自货币政策。美国大选也会使总统不遗余力地推动经济增长，降低失业率，宽松的货币政策无疑是主要的手段，这将使美联储在紧缩政策的时点选择上采取保守的态度。

第三，长期超低利率催生资产泡沫的风险有可能继续被忽略。长时期将短期利率维持在零水平，可能推迟家庭和金融机构资产负债表的必要调整，助长金融失衡，如资产价格泡沫、过度杠杆化和过度投机等风险可能逐步积累，给美国金融系统带来新的风险。很多学者认识到这一点，认为美联储会缩短维持零利率的时间。然而，短期利率和金融失衡之间的关系是非常不稳定的。日本在过去十五年里也维持零利率政策，但是并没有出现显著的金融失衡。何况金融失衡可以通过审慎的金融监管政策得到抑制，未必需要借助货币紧缩措施（科恩，2010）。美联储为减少失业，让美国走出经济泥潭，很可能在较长时期内维持低利率政策。

第四，国债市场面临巨大融资压力也会拖累加息进程。在美国面临巨额债务的情况下，美联储收紧银根会给财政造成很大的压力。这表现为两个方面：一是美联储出售国债的举措会提高国债的收益率，进而提高各级市政债券的收益率水平，提高未来发行新债的成本，大大加重财政负担；二是当前美国巨额的财政赤字本已使国债充斥市场，美联储一旦向市场大量抛售长期国债，美国国债市场可能会出现巨大的需求缺口，引发国债价格下跌和经济波动。

第五，美联储的政策退出需要考虑资产出售对市场的冲击，并将其控制在市场可承受的范围之内，这也决定了美联储的资产出售计划需要根据住房市场、信贷市场和资产市场的变化进行动态调整和相机抉择。截至 2011 年 7 月 13 日，美联储持有美国政府债券 16283 亿美元，联邦机构债 1151 亿美元，抵押贷款担保证券（MBS）9089 亿美元，定期资产支持证券贷款工具（Term Asset-Backed Securities Loan Facility）124 亿美元，持有 Maiden Lane 投资组合 605 亿美元。由于这些需要出售的资产规模较为庞大，对应的资产价格很可能受挫下行，这不仅使得美联储受到损失，而且导致购买这些资产的金融机构蒙受损失，还可能造成相关市场再度失去流动性。美联储为顺利出售债券资产，会延迟其加息步伐，为其资产出售创造有利条件。

（四）缩减资产负债表规模的时间窗口

美联储退出战略的重要组成部分就是将资产负债表的规模和结构恢复到金融危机前的水平。鉴于常规货币政策与非常规货币政策的刺激作用是相互补充和相互促进的，利率和资产负债表的调整也应该是相互协调推进的。在理论上，美联储既可以通过提升联邦基金利率，也可以通过资产出售来实施紧缩性的货币政策。这样，美联储的退出策略存在三种可能性。

第一种是先退出流动性支持计划和资产购买计划，然后开始加息。

第二种是在不收缩资产负债表规模的条件下，直接加息。在这种情况下，由于银行系统存着大量的准备金，联邦基金市场的交易规模和流动性已经显著萎缩，调整联邦基准利率可能难以影响短期利率的走势，从而降低了联邦基金利率作为货币政策基准利率的有效性。超额准备金利率可能暂时取代联邦基金利率成为政策利率，同时美联储还可能会运用其他一些政策工具，包括逆回购及定期存款工具等，来控制短期利率水平。

第三种是前两者的结合，核心是以退出资产购买计划和调整负债结构为主，加息为辅，加息目的主要是改变负实际利率的状况；以退出资产购买计划为先，加息为后，这主要是由于大幅上调利率会给美联储的资产出售带来损失。

在现实中，美联储实施第三种方案的可能性更大。美联储很可能在第一次提升短期利率后的某个时点开始出售资产，谨慎地推进资产负债表的缩减步伐，期间加息 2~3 次，但是不会持续大幅加息。等到资产负债表大幅收缩后，联邦基金利率才可能进入持续上升轨道。

美联储资产出售需要具备以下两个条件。首先，房地产市场是本轮衰退的触发因素，在房地产市场好转之前资产出售的可能性较小，尤其是机构债和按揭抵押贷款债券。只有当止赎问题得到解决，房地产价格开始回升，家庭部门资产负债表修复完成后，美联储才会考虑资产出售计划。其次，银行系统的坏账处置完成，风险承担能力增强，信贷投放开始增加，银行体系的流动性转化为整个金融体系的流动性，以保持资产出售后的资产价格稳定。

目前美联储的资产规模已经膨胀至危机前的 3 倍，资产结构由短期、中期国债为主转变为以长期国债、机构债和 MBS 为主。危机前，美联储的资产负债表，特别是公开市场操作账户资产的 90% 为美国国债，其中 35% 为短期国债，而目前公开市场操作账户资产中美国国债的占比下降至 60%，其余 40% 为 MBS 等住房抵押债券，并且短期国债不到 5%[①]。因此，美联储在缩减资产负债表规模的同时，也应对资产负债表结构的正常化进行审慎规划。在正常情况下，联邦机构债和 MBS 的合理持有量应该是零，长期国债的比重应该下降。因此，美联储应首先出售机构债券和 MBS，然后出售长期国债。因为长期持有大量国债，不会对国债市场的供给造成压力，使得国债收益率相对平稳，可以适度缓解财政压力。

2011 年 6 月底，美联储持有大约 1 万亿美元的联邦机构债和 MBS。MBS 持有的峰值出现在 2010 年 7 月 21 日，为 11245 亿美元，到 2011 年 7 月 20 日，部分债券到期后缩减为 9050 亿美元；机构债券持有的峰值出现在 2010 年 3 月 31 日，为 1690 亿美元，到 2011 年 7 月 20 日，自然缩减为 1146 亿美元。按照这种到期速率，机构债于 2013 年 9 月全部退出，而 MBS 于 2015 年 9 月全部退出。国债持有的峰值可能出现在 2011 年 12 月，并在 2012 年保持稳定，2013 年开始净减持美国国债，一直持续到 2014 年。

---

① 资料来源：http://www.federalreserve.gov/releases/h41/Current/。

第三节

美联储实施退出战略的政策工具

从资产负债表来看，美联储退出的政策工具箱包括如下措施：一是资产负债表的自动缩减，如特殊流动性措施的自动退出和债券自然到期；二是调整资产负债表的结构，但维持资产负债表规模不变，包括提高超额准备金利率、扩大逆回购协议，发行定期存款凭证、财政部增发票据等措施，从银行体系抽走准备金；三是缩减资产负债表规模，直接出售债券资产；四是上调短期利率，包括贴现率和联邦基金利率。尽管美联储实施退出战略有多种工具可以选择，但是这些工具的运用条件以及政策效果会受到相应的约束。因此，工具的选择需要根据市场进行变换。美联储货币政策的退出将遵循稳健和相机抉择的原则，有秩序地退出。

（1）短期借贷规模和特殊流动性工具到期后自动终止。美联储资产负债表中那些针对稳定金融市场的短期融资计划和针对金融机构的借贷计划在 2010 年 6 月到期，这部分流动性已经到期而自然终止（见表 7 - 1）。具体而言，货币市场投资者融资工具（MMIFF）已于 2009 年 12 月 30 日到期，资产支持商业票据货币市场基金流动性工具（AMLF）、商业票据融资工具（CPFF）、一级交易商信贷工具（PDCF）、期限有价证券借贷工具（TSLF）和双边货币互换于 2010 年 2 月 1 日到期。美联储授权延长资产支持证券提供贷款工具（TALF），以新发行的商业抵押贷款支持证券（CMBS）为抵押品的 TALF 在 2010 年 6 月 30 日终止；以其他证券为抵押品的 TALF 在 2010 年 3 月 31 日终止；对 AIG 的贷款也于 2011 年 1 月终止。因此，金融危机期间推出的特殊流动性措施已经基本退出。

表 7 - 1　　　　　　　　美联储流动性支持工具的自动到期日

创新政策工具	设立日	到期日
定期拍卖工具（TAF）	2007 年 12 月 12 日	2010 年 4 月 14 日
一级交易商信贷工具（PDCF）	2008 年 3 月 16 日	2010 年 2 月 1 日
期限有价证券借贷工具（TSLF）	2008 年 3 月 11 日	2010 年 2 月 1 日

续表

创新政策工具	设立日	到期日
资产支持商业票据货币市场基金流动性工具（AMLF）	2008 年 9 月 19 日	2010 年 2 月 1 日
商业票据融资工具（CPFF）	2008 年 10 月 7 日	2010 年 2 月 1 日
货币市场投资者融资工具（MMIFF）	2008 年 10 月 21 日	2009 年 12 月 30 日
资产支持证券提供贷款工具（TALF）	2008 年 11 月 25 日	以新发行的商业抵押贷款支持证券（CMBS）为抵押品的 TALF 在 2010 年 6 月 30 日终止；以其他证券为抵押品的 TALF 在 2010 年 3 月 31 日终止
与国外中央银行的货币互换	2007 年 12 月 12 日	2010 年 2 月 1 日

资料来源：美联储官方网站。

（2）提高商业银行在美联储的超额准备金利率。提高存款准备金利率，一方面有利于商业银行收回流动性，减少向客户或其他银行发放贷款的数量；另一方面能够提升其他关键短期利率，包括贴现利率、逆回购利率、伦敦同业拆借利率（LIBOR）等银行间拆借利率，提高信贷的价格，并将随之抑制信贷需求。美联储在其资产负债表上已经积累了庞大的超额存款准备金。在当前市场利率低和许多潜在借款人存在信用问题的情况下，这些准备金无风险并且还可以获得利息，银行并不急于使用这些储备。但是，当金融环境进一步恢复和经济复苏的趋势确立，企业投资需求上升，商业银行贷款会随之提高，美联储需要适度提高准备金利率，才能避免银行从美联储迅速撤回准备金从而导致货币供应量的快速增长。不过，美联储上调存款准备金利率，会增加美联储的财务成本，进而影响美联储的货币政策调控能力。美联储存款准备金高达 1.7 万亿美元，短期利率上升 1 个百分点，美联储存款准备金的利息支出就增加 170 亿美元。此外，美国准备金的利息支付还存在着制度性约束，只能向银行付息，不能向政府企业（如房地美、房利美）等其他机构付息，这些机构就有把超额准备金放在同业拆借市场交易的动力，使联邦基金利率低于准备金利率水平，从而影响流动性收紧的效果。为增强这一方案的有效性，美联储可能会扩大付息金融机构的范围。

（3）针对交易对手，包括初级交易商以外的货币市场共同基金，执行大规模的逆回购以吸收超额储备。美联储的量化宽松政策已经创造出高额的存款准金，一旦信贷市场升温，超额准备金将会转变为信贷投放，引发通货膨胀预期的上升。美联储通过逆回购协议，向金融机构出售其持有的国债、机构债等资产，并承诺一定期限后以更高的价格回购，这样在短期内可以吸收部分超额准备金，从金融市场收回流动性，从而提升市场利率。为了更好地发挥逆回购协议的作用，美联储可能会扩大交易对手方的范围，增加回购协议的规模，延长逆回购协议的期限，增加逆回购交易的品种。

（4）针对商业银行发行支付利息的"定期存款凭证"，吸引商业银行把准备金转化成在美联储的存款，使商业银行超储定期化、长期化，以限制信贷增长。这一类定期存款利率可能通过拍卖决定，存款期限不超过一年。通过向银行提供定期存款业务的方式减少向市场提供的资金，有利于美联储更好地规划流动性收回的节奏和期限。在操作流程上，美联储需要保证这类定期存款不可在货币市场中流通，避免其回流到经济当中。

（5）重启补充融资计划（supplementary financing program，SFP）或让美国财政部增发票据。2007年8月~2008年12月，美联储资产负债表中的短期流动性工具迅速上升，导致商业银行在美联储的准备金急剧增加。为吸收超额准备金，美国财政部推出了一项补充融资计划（SFP），由财政部发行债券，筹集大约5600亿美元资金，把这些资金存放于美联储。这种交易属于间接的、紧缩型的公开市场操作，旨在部分抵消美联储不断膨胀的资产负债。然而，这种办法受限于财政赤字上限，需要国会的通过，由于目前政府赤字急剧扩大，再次实施的可能性比较小。

（6）在公开市场上直接出售美联储所持有的长期资产，从而提升市场利率。由于出售证券资产可以起到替代加息的作用，这种替代效应可以帮助美联储在通货膨胀显著升温之前推迟加息。美联储在持续上调利率之前，资产负债表规模需要大幅瘦身。不过，美联储通过公开市场操作直接出售中长期债券会使得美国住房市场面临浮动抵押贷款利率上涨的风险，阻碍住房市场复苏。同时，美联储出售债券一方面会受到资产质量的约束，另一方面会受到市场需求的约束，引起资产价格的波动，给金融市场带来震荡和冲击。

（7）上调贴现率。提高贴现率可以增加商业银行运用商业票据进行融资的成本。2010 年 2 月 18 日美联储将银行贴现率从 0.50% 上调至 0.75%，同时将贴现周期缩短至隔夜，这是美联储非常规性信贷政策正常化的一部分，其目的不在于收紧家庭和企业的信贷条件。主要原因在于，正常状况下，窗口贴现率与联邦基金目标利率之间的利差大致维持在 100 个基点。而在这次危机中，由于银行冻结贷款，美联储将这一利差调低至 25 个基点。窗口贴现率与联邦基金目标利率之间利差的扩大以及贴现周期的缩短有助于促使储蓄机构更多地依赖于私人融资市场进行短期资金融资，有助于储蓄机构将美联储的窗口贴现融资作为一种辅助融资方式。美联储将会根据金融市场发展状况决定进一步调整窗口贴现率。

（8）上调联邦基金利率。在美联储退出量化宽松的过程中，联邦基金利率的提高可以回收市场中的流动性。然而，在实施退出战略的前期，由于商业银行存在大量超额储备，它们没有动力去拆借市场上融资，联邦基金利率就会等于超额准备金利率。这样，联邦基金利率暂时失去了其作为基准利率的有效性，超额准备金利率则成为事实上的政策利率，在一段时期内取代联邦基金利率作为美联储的政策操作目标，指导货币政策立场。不过，为改变实际利率为负的状况，在退出的初期美联储可能会小幅加息，以实现货币政策正常化和引导市场预期。在超额准备金居高不下的情形下，加息的幅度会比较小，步伐不会太快。只有美联储资产负债表大幅收缩后，联邦基金利率才有可能成为主要的政策工具。

（9）设定通货膨胀目标。在必要的情况下，美联储还可以设定一个量化的通货膨胀目标，并在一定时期内使通货膨胀率保持在目标水平，这样既可以引导市场对通货膨胀的预期，降低通货膨胀的不确定性，也有助于美联储提高其价格稳定目标的可信度和责任性，限制相机抉择引发的经济不稳定性。伯南克对经济大萧条和通货膨胀目标制都有着深入研究，如果说非常规货币政策的实施是伯南克将其对大萧条和通货紧缩的研究付诸实践，那么，美联储退出战略的实施是伯南克对通货膨胀目标制的具体运用。

总的来看，上述方法作为退出的手段将缓慢实施，以给予市场一定的时间加以适应。在量化宽松政策退出的初期，美联储更多依靠自动收缩机制、逆回购协议、定期存款凭证、提高超额准备金利率等方式从银行体系吸收准备金。美联储会先通过持续的逆回购和定期存款机制来吸收超额存款准备金，然后再上调准备金利率。超额准备金利率会领先于联邦基金目标利率成为调整短期利率的首选工具。在退出的中期，加息和出售债券资产会同时并进并协调使用，但以收缩资产负债表为主，加息为辅。在退出的后期，美联储资产负债表大幅瘦身，存款准备金大幅下降，联邦基金利率进入持续上升轨道。

第四节

美联储实施退出战略的顺序和步骤

美国金融体系和实体经济的恢复情况可以分为两个阶段。第一个阶段是金融机构的资产负债表得以修复，这一阶段超额存款准备金和基础货币大幅增加，商业银行贷款尚未明显上升，通货膨胀水平虽然较为稳定，但是通货膨胀预期开始上升；第二个阶段是企业和家庭的资产负债表逐渐得到修复，信贷需求开始恢复增长，超额储备逐步解冻，银行放贷明显增加，并通过货币乘数效应带动货币供应量增加，刺激美国经济和推动通货膨胀压力上升。

根据这两个阶段，美联储的政策退出次序是先结束流动性注入，然后等经济复苏进一步确认后，退出量化宽松政策的数量型工具，恢复美联储的资产负债表，使其回到正常水平，之后才会考虑利率调整。而结束流动性注入的方式也是温和的，先结束第二轮量化宽松政策，再结束债券本金和收益的再投资。结束第二轮量化宽松政策后，推出第三轮量化宽松政策的可能性较小。美联储在退出数量工具之前也可能小幅加息，但这主要是向市场表明其反通货膨胀的决心和货币政策姿态的变化。

美联储退出的目标是实现联邦基金利率和资产负债表的正常化，其退出的顺序大致如下：（1）应急贷款计划和短期流动性工具的自动终止；（2）结束量化宽松政策，但债券本金和收益用于再投资；（3）停止债券本金和收益的再投资；（4）收紧银行系统的超额储备；（5）改变联邦公开市场委员会发表声明中的"较长时期（extended period）"维持低利率的字眼；（6）小幅提高联邦基金利率；（7）出售债券资产；（8）持续加息。

第一步，2010年6月，众多应急贷款计划的自动终止和短期流动性工具的自动取消，包括资产支持商业票据货币市场共同基金流动性工具、商业票据基金工具、一级交易商信贷、定期证券借贷工具以及暂时性流动性互换协议在到期后会自动回收，这一步已基本完成。2009 年金融市场企稳回升之际，市场对于短期信贷的需求逐渐下降。在这种情况下，美联储不再继续运用短期流动性工具，随着已投放的短期贷款陆续到期或提前偿还，短期流动性自动收紧。实际上，美联储从 2009 年开始着手解除大量的紧急贷款措施和流动性工具，到 2010 年 6 月，基本退出危机期间的特殊流动性支持措施。这些应急措施的终止是市场主体自发行为导致的，还不属于紧缩货币政策的信号。截至 2011 年 7 月 13 日，美联储对主要信贷市场提供的流动性已经从 2009 年初的 4400 亿美元降低到 720 亿美元，对金融机构提供的贷款从 2008 年年底的 15909 亿美元下降到 1506 亿美元。[①]

第二步，结束量化宽松政策，为继续稳定国债市场和利率预期，美联储会采取过渡性措施，仍将把从到期债券回笼的资金用于再投资，维持美联储资产负债表的规模，流动性宽松的局面将继续维持。面对美国经济前景的不确定性，美联储保持政策稳定，进入政策观察期。美联储推出三轮量化宽松政策，本金和收益的再投资规模相当之大，宽松的货币政策仍在维持之中。因此，量化宽松政策的终结仅仅意味着美联储不再向市场注入新的流动性，并不意味着货币政策将转向紧缩。

第三步，终止到期债券的再投资，自动收缩资产负债表。如果确认美国经济复苏的形势得以持续，机构债券和抵押贷款证券（MBS）到期回收的本金不再进行国债投资，资产负债表规模将自动收缩。根据美联储各类资产的期限结构，美国通过终止证券到期资金再投资，可以逐月微幅回收流动性，这实际上是美联储紧缩行动的前奏。但是，即使 2011 年第四季度美国经济出现明显反弹，加息的概率也不大，因为美联储需要时间来确认就业和物价在往好的趋势发展。

第四步，吸收超额准备金。2012 年第二季度到第三季度，美联储采用多种工具从银行体系回收部分超额准备金，抽走流动性，以确保未来加息的效果能够有效实现。美联储吸收超额准备金可能采用的次序是先通过持续的逆回购和定期存款机制测试来回收巨额的银行储备，然后加大措施力度，若经济回暖强劲，再

---

① 数据来源：http：//www.clevelandfed.org/research/data/credit_easing/index.cfm。

上调准备金利率。通过逆回购和定期存款机制，美联储可以有效控制超额准备金被大规模用于放贷，相当迅速地从银行系统回收多余的流动性。如果经济超预期复苏，美联储可以通过扩大逆回购规模和定期存款机制，并同时调高超额准备金利率和贴现率，避免通货膨胀风险急剧上扬。在利率调整方面，由于准备金规模庞大，提高存款准备金利率可以抬高拆借市场的利率下限，起到替代提升联邦基金利率的作用。美联储对于存款准备金利率的调整更为频繁一些，而对于基准利率只会在特定必要时刻调整，美国大选前美联储上调联邦基金利率的可能性都比较低。

第五步，试探性地小幅上调联邦基金利率。当美国的通货膨胀率达到2%与失业率降到6.5%时，美联储收紧货币政策的速度将加快，美联储会先后上调贴现率和联邦基金利率。然而，庞大的银行储备使美国的利率政策复杂化。虽然美联储首次加息时间很可能在出售债券资产之前，但如果没有对资产负债表大幅瘦身，美联储加息幅度不会太大，步伐不会太快。原因有两个方面：一是调利率会引发债券价格下跌，不利于美联储在公开市场出售中长期债券；二是高额的存款准备金使得上调利率会增加美联储的利息支出和财务成本。在这一阶段，美联储加息的目的更多是基于货币政策正常化和向市场表明其反通货膨胀的决心。首先，零利率是非常时期的非常之策，小幅上调利率有利于消除负利率状况，实现货币政策的正常化；其次，小幅加息可以让利率发挥信号作用，引导市场预期，并试探市场反应和美国经济的承受能力。

第六步，主动收缩美联储资产负债表。首先，决策者对货币政策正常化的策略进行规划和交流。考虑到美国银行体系的巨额流动性，公众自然非常关注通货膨胀。美联储通过制定连贯的、可信的货币政策退出战略，展望其资产负债表的缩减前景，并与市场进行明确沟通，交流其退出战略的政策框架和计划，给市场一个明确的政策指引。特别是清晰地向市场表明美联储将会如何向正常化的货币政策框架过渡，有利于降低市场的不确定性，引导公众的通货膨胀预期，进而影响未来通货膨胀走势。其次，在加息1~2次后，美联储将根据债券市场、信贷市场、银行贷款和货币供应量的动态变化，以系统性的、有规则的方式微幅、渐进、谨慎地出售债券资产，适时、适度地收缩流动性。资产出售的目标是将资产负债表规模恢复正常，并以国债作为其主要或全部持有的证券类别；资产出售的顺序是先出售机构债和 MBS，然后是长期国债；资产出售的速度取决于经济金融形势的变化，整个过程将持续 4~5 年的时间。

第七步，利率成为主要政策工具，并进入持续上升轨道。在资产负债表大幅缩减的情况下，联邦基金利率成为收紧货币政策的主要工具，美联储开始持续加息。这有两个前提条件：首先，从经济金融形势来看，美国经济进入可持续复苏轨道，失业率趋近于目标水平，信贷和货币供应量显著上升，核心 CPI 超过 2% 并呈上升趋势，美联储的政策重心全面转向控制通货膨胀。其次，缩减资产负债表规模使美联储有能力控制短期利率。美联储资产负债表缩减到 1 万亿美元左右，资产结构以国债为主，超额准备金下降到较低的水平，使利率走廊系统（corridor system）恢复正常。联邦基金利率目标高于超额准备金的利率（利率走廊下限），但是低于美联储贴现窗口的利率（利率走廊上限），即正好位于"走廊"界定的范围之内。这样有利于降低银行短期融资市场的波动程度，以便美联储更紧密地掌控政策利率。

从退出政策的顺序看，美联储的退出路线图是：短期流动性工具自动终止—到期债券资金的再投资—停止到期债券本金和收益的再投资—多种方式吸收超额存款准备金—上调存款准备金利率—试探性地小幅加息—逐步缩减资产负债表—持续提升基准利率。以上是我们对美联储退出路线的基准假设，前提是美国经济不出现二次探底。

第五节

小 结

美联储会根据就业状况、物价水平与金融稳定情况等因素，逐渐退出非传统货币政策。政策退出次序是先结束流动性注入，然后等经济复苏进一步确认后，退出量化宽松政策的数量型工具，恢复美联储的资产负债表，使其回到正常水平，之后才会考虑利率调整。鉴于经济环境的变化，美联储会谨慎地调整货币政策，即便是收紧货币政策，美联储加息将是一个缓慢而逐步推进的过程，联邦基金利率在较长时期内仍将低于正常水平。不可否认的是，美联储依据经济数据来判断经济环境与经济走势，进而调整货币政策，而由于经济活动与通货膨胀会以不可预期的路径演进（耶伦，2016），因此，联邦基金利率并不是完全确定的。不可排除的一种情况是，如果美国经济不尽如人意，美联储会继续采取降低利率的扩张性货币政策以刺激经济复苏。

美国宽松货币政策导致美元已成为全球主要套息交易货币，在美联储正式实施退出战略之前，美元难以摆脱颓势，全球流动性泛滥的局面也不会出现根本性逆转。然而，一旦美联储退出战略，美国债券收益率将会上升，大宗商品价格和新兴市场的资产价格出现回落，国际资本重新流入美国，美元会扭转颓势，步入阶段性的上升轨道。

美国宽松货币政策的退出，会给美元汇率、大宗商品价格和国际资本流向带来明显的变化，进而间接影响到中国经济金融的运行。届时中国国内的短期资本流入可能发生逆转，人民币有效汇率波动幅度增大，输入型通货膨胀压力减轻以及外汇储备管理难度增加。决策当局需要对此作出前瞻性的调整，以减少美联储的政策退出给中国经济运行带来的负面影响。

第八章

美国推出非传统货币政策的溢出效应

当国内信贷需求不足时，美联储通过量化宽松政策所创造的流动性可能溢出到国外（李向前、郭强，2012）。通过资本流入，美国非传统货币政策对新兴经济体产生溢出效应——影响新兴经济体的资产价格、影响新兴经济体债券的中长期收益率、影响新兴经济体的政策利率。

第一节

美国非传统货币政策的溢出渠道概览

如果非传统货币政策增加了其发起国的金融冒险行为，与此同时并未提升其国内投资和消费，这样，非传统货币政策对汇率的影响就只是转移了未采用该政策国家的国内需求，并非创造出了对本国物品的补偿性需求。那么，非传统货币政策就类似于金融危机前新兴市场采取的汇率干预政策。事实上，在危机发生后新兴市场的资本流入规模十分庞大，尽管新兴市场极力通过积累外汇储备推动这些资本流出，2013 年新兴市场的净资本流入高达 5500 亿美元，2006 年仅为 1200 亿美元。这种资本流动提高了资本流入国的杠杆水平，杠杆上升不仅包括由于跨境银行资本流动带来的直接影响，也包括间接影响，随着汇率升值和以房地产为代表的资产价格上涨，新兴市场借款人的股本虚增。2005 年，伯南克曾担心新兴市场的资本流入会导致美国的错误投资，国际金融危机之后新兴市场出现了这种担心，而这种担心源自发达国家的资本流入。

拉詹（Rajan）在 2015 年指出，20 世纪 90 年代新兴市场的危机演化为 21 世纪前十年工业化国家的危机,并进一步转变为 2010 年以来新兴市场的脆弱性,这可能源于一个国家可以通过"以邻为壑"的政策,将国内问题转嫁给其他国家的方式来应对全球需求不足。以美国为代表的发达国家试图刺激经济增长使全球都参与了危机循环的可怕怪圈。

理论上讲,美国非传统货币政策对新兴经济体产生溢出效应,是通过资产组合平衡渠道、信号渠道、汇率渠道与贸易渠道。资产组合平衡渠道是指,当美国推出量化宽松的货币政策后,会压低美国债券的期限溢价,在这种情况下,投资者寻求替代投资品,进而购买新兴市场经济体的资产,压低新兴市场经济体的期限溢价,促进新兴市场经济体的资产价格上涨。信号渠道是指,美联储的资产购买计划传递了其将保持利率处于长期低位的信号,促使债券收益率的风险中性部分下降,而新兴经济体的风险中性部分较高,在这种情况下,投资者进行套利,使得资本流入新兴经济体。汇率渠道是指,美联储推出非传统的货币政策之后,国际资本流出美国,造成美元汇率贬值,从而使得美国商品的竞争力提升,美国出口增加。贸易渠道是指,美联储推出非传统的货币政策之后,美国国内需求增加,对新兴市场经济体生产的商品需求增加。

雷(Rey,2016)指出,就汇率渠道与贸易渠道而言,美国非传统货币政策的推出对新兴市场经济体的溢出效应,主要是通过需求增加效应与支出转换效应。具体来讲,需求增加效应是指,美国货币政策放松导致美国的需求增加,使得新兴市场经济体的出口增加;支出转换效应是指,美国货币政策放松使得美国的债券收益率降低,进而导致美元汇率贬值,结果造成相对于新兴市场经济体,美国的商品便宜,支出从新兴市场经济体转移到美国。在相当程度上,需求增加效应与支出转换效应可以相互抵消。

就资产组合渠道与信号渠道而言,如图 8-1 的左半图所示,美国推出非传统货币政策之前,对新兴市场经济体资产的总需求由本国投资者的需求(R_d^A)和外国投资者的需求(F_d^A)共同构成,新兴市场经济体资产的供给是(A_s^A),资产的均衡价格是P_0^A,此时的收益率是i_0^A。新兴市场经济体上的资产价格与资产收益率呈负相关关系,如图 8-1 的右半图所示。美国推出非传统货币政策之后,当外国投资者突然调整投资组合,增加对新兴市场经济体的投资,新兴市场经济体资产的需求曲线向右上方移动，这使得资产价格立即上涨到P_1^A，同时，收益率下降到i_1^A，以反映风险溢价的下降。

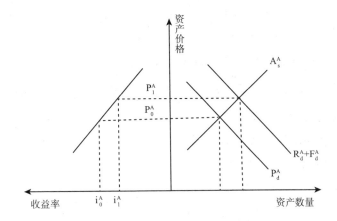

图 8 - 1　资产组合变化对新兴市场经济体资产价格与收益率的影响

第二节

新兴市场经济体资产价格的上涨

对于高度一体化的全球金融市场来说，美国量化宽松政策将会刺激全球流动性供给，刺激套利和资本流入新兴市场经济体，推动新兴市场经济体资产价格上涨。由于国际资本在债券市场流动，期限溢价的变动也会导致长期利率的波动。国际资本流入新兴经济体，美联储货币政策通过债券市场压低期限溢价与信贷利差，溢出到新兴经济体。美联储对全球金融市场的超常规影响最直接地体现在核心固定收益市场上。在这些市场中，收益率曲线对经济政策有关的任何消息和预期变化都特别敏感。尼利（Neely，2010）利用投资组合选择模型研究了美国大规模资产购买计划对本国和外国债券收益率的影响发现，该非传统货币政策不仅降低了本国债券的长期收益率，而且也同时降低了外国债券的长期收益率。弗拉茨彻等（Fratzscher et al.，2012）研究美国的量化宽松政策对美国及其他 65 个国家国债收益率的影响发现，美国实施非传统货币政策确实显著降低了这些国家的国债收益率水平。鲍曼等（Bowman et al.，2014）研究了美联储非传统货币政策对新兴经济体的国债收益率、汇率与股票价格的影响。研究发现，新兴经济体的资产价格对美联储非传统货币政策声明反应剧烈。

分阶段来看，美国量化宽松货币政策的早期公告使国际金融市场大幅上扬、债券收益率和货币市场利率普遍下降、股票价格上涨以及其他货币兑美元升值。后来的货币政策公告对所有境外资产的影响都较为平淡，甚至对股票和债券收益率造成了负面影响。美国早期量化宽松货币政策的溢出效应似乎最显著。由于美国具有系统重要性，因此美联储推出的量化宽松政策不仅对美国经济，而且对全球经济发挥稳定的作用。市场一旦恢复正常，溢出效应会减弱。然而，美国后期量化宽松货币政策的溢出效应下降，也可能源于如下事实：与这些计划相关的公告给市场带来的意外程度不如从前。

就美国非传统货币政策对中国的溢出效应来看，量化宽松意味着美联储提供更多、更便宜的货币供给，这会降低美元的吸引力，同时提高包括人民币在内的其他货币的吸引力。人民币面临升值预期，并引发短期资本流入中国，在货币当局没有充分对冲的情形下，国内货币供给增加将促进相关国内风险资产价格上涨（张斌、熊爱宗，2012）。易晓溦等（2015）运用包含潜在门限的时变参数向量自回归模型研究了美联储所实施的一系列非传统货币政策冲击对中国金融市场各利率期限结构的动态影响。结果表明，美国非传统货币政策的实施对中国债券市场的利率期限结构的冲击存在显著影响。

为了分析美国非传统货币政策溢出效应这一问题，捕捉美国货币政策公告中意外的成分十分必要，毕竟正是这些政策公告引发了溢出效应。公告各有不同，有的公告完全符合市场参与者的预期，而有的则根本就是让人出乎意料。公告如果完全符合市场预期，应该不会对资产价格和组合配置产生影响，因为市场已经根据预期确定了资产价格和组合配置。但这并不意味着货币政策无效，只是没有足够的信息来判断其有效性。其他示例也可能存在这种情况。如果中央银行宣布的加息力度（比如说0.25%）低于市场预期（如果市场预期是0.5%），那么资产价格应该会上升。但仅仅根据观察到的政策举措说明紧缩政策（如利率提高了0.25%）有利于资产价格不一定确切。正确的解释是，因为政策紧缩小于预期（比预期宽松），资产价格就上涨了。这样一来，捕捉货币政策公告中意外的成分就至关重要，即：公告在多大程度上不符合市场预期。只有那时才能在"每单位意外"基础上公平地比较货币政策公告。

公告的第二维度——信息性内容也很重要。公告可以提供关于政策利率水平的中央银行未来政策意图的信息，这被称为公告的信号成分。该成分对货币政策而言必不可少，实际上，这是货币政策起作用的主要手段。政策利率一次性上调或下调对经济的影响几乎微乎其微。中央银行只有通过预示未来政策利率变化，才能够影响与投资、雇佣和消费等经济决策有关的长期利率。但是货币政策公告也可能包含其他信息，可以称之为公告的市场成分。通过这些信息沟通，可以把私人投资者的债券可用性信息（由于中央银行资产负债表规模不断扩大）、增长风险和通胀风险（或不确定性）以及中央银行偏好（比如，如何快速使通胀回到目标水平）和目标的变化关联起来。

陈（Chen，2015）与其合作者研究了21个新兴市场经济体——巴西、智利、中国、哥伦比亚、匈牙利、印度、印度尼西亚、以色列、韩国、马来西亚、墨西哥、秘鲁、菲律宾、波兰、罗马尼亚、俄罗斯、新加坡、南非、中国台湾、泰国和土耳其——对2000年1月~2014年3月美国125个货币政策公告的反应，发现美国货币政策的意外对新兴市场经济体的资本流动和资产价格波动有即时影响（时间窗至少超过两天）。

他们分别研究危机前的若干个时期（传统货币政策阶段）以及2008年11月以后（开始大规模资产购买的时期），结果发现，"每单位"美国货币政策意外的溢出效应各有不同，而且在非传统阶段溢出效应更明显。每单位意外的溢出效应似乎并不取决于冲击的大小，也不取决于它们是否与放宽或收紧政策有关，或者是否处于政策立场的转折点（例如，在不间断的降息序列之后，首次试图收紧政策）。

他们的研究也发现，溢出效应受到国家经济形势的影响。基本面较强的国家溢出效应较小。也就是说，实际国内生产总值增长较高、经常项目头寸较多而通货膨胀较低且外国人持有的本国债务份额较小，会显著抑制溢出效应，特别是在非传统货币政策时期。有人认为，随着时间的推移，基本面的影响会越来越强，因为投资者会区别对待各个国家。但研究发现，即使是在对美国货币政策公告的初始反应上，经济基本面也同样重要。

第三节

国际资本流入新兴市场经济体

由于资本流动是跨境溢出效应的载体，因此，我们尤其关注资本流动。从影响资本流入新兴经济体的角度来看，跨境资本大量流向新兴经济体是基于拉动因素与推动因素。具体而言，拉动因素是新兴经济体较高的经济增长和良好的经济基本面预期；推动因素是在美国等发达经济体实施宽松货币政策的前提下，发达经济体国内金融产品收益率低下，投资者为了追求更高的收益率而转向新兴经济体（张明、肖立晟，2014）。如果发达经济体在紧缩环境下放松银根，它们的利率就会下降；投资者此时会改变自己的投资组合，转向收益更高的资产。部分投资可能会转向国内其他领域，而另一些投资则会走出国门，流向新兴市场经济体。大量资本流入新兴市场，刺激国内金融扩张，自 2008 年年初以来，新兴市场的居民从海外借款超过 2 万亿美元，占年度国内生产总值 2.2%，虽然看起来与经常账户相比规模不大，但这代表在此期间累积了大量额外的外部债务（IMF，2013a）。就中国而言，特纳（Turner，2014）指出，从 2010 年以后，国际资本通过国际金融市场流入中国，2010～2013 年在国际金融市场发行债券的数量不断攀升：分别发行 236 亿美元、428 亿美元、483 亿美元与 974 亿美元债券。弗拉茨彻等（2013）研究发现，第二轮的债券购买政策，引发了投资者在新兴市场经济体与发达经济体之间的资产组合再平衡，从新兴市场经济体来说，量化宽松政策导致的资本流动是顺周期的。但是，需要注意的是，如果美联储不采取量化宽松的货币政策，新兴市场经济体的出口需求也不会这么强劲，经济增速也不会这么快。

如图 8-2 所示，美国推出量化宽松政策，使得资本流入新兴市场经济体，尤其是经济基本面较强的新兴市场经济体。从这个角度来看，美国的量化宽松政策对跨境资本流动的影响渠道与传统货币政策的类似，但是，发达经济体与新兴市场经济体的宏观经济环境与金融环境的差异放大了溢出效应。

但是，也有一些研究认为，与传统宽松货币政策的溢出效应相比，量化宽松政策并不具有更大的溢出效应。艾哈迈德和扎特（Ahmed and Zlate，2013）检验

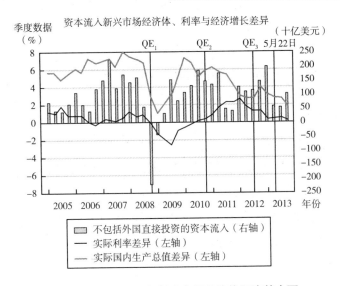

图 8-2　资本流入与新兴市场经济体经济基本面

注：QE₁ 代表"第一轮量化宽松政策"，QE₂ 代表"第二轮量化宽松政策"，QE₃ 代表"第三轮量化宽松政策"。

资料来源：拉维妮等（Lavigne et al.，2014）。

了私人资本流入新兴经济体的决定因素。他们研究发现经济增长与利率差异是净的私人资本流入的决定因素。同时，他们并没有发现量化宽松政策对国际资本流入新兴市场经济体产生统计显著的效应。鲍曼等（2014）通过时变分析，也得出类似的结论。

　　总而言之，上述的研究聚焦于美国非传统货币政策负面的溢出效应。顺周期的资本流动可能导致资产价格泡沫、资本急停（sudden stop）或者逆转的风险与出口竞争力的削弱等。但是，也应该考虑美国非传统货币政策正面的溢出效应，比如，全球金融环境的改善与市场信心的恢复，以及总需求的进一步加强带来的正面作用。国际货币基金组织（2013a）的研究表明，整体来说，量化宽松政策是正面的。在 20 世纪 30 年代的"大萧条"，可以为国际金融危机提供一个有用的历史比较事件，20 世纪 30 年代初，发达经济体受到冲击之后，缺少必要的政策反应，使得拉美地区的产出遭到重大损失（国际货币基金组织，2013b）。

第四节

新兴市场经济体政策利率的制定陷入两难困境

国际资本流入新兴市场经济体，使得新兴市场经济体一些中央银行在制定短期政策利率时面临两难困境。每个新兴市场经济体的中央银行面临相同的困境：对实行浮动汇率制度国家而言，让本国货币迅速升值失去货币控制；对实行固定汇率制度的国家而言，通过购买美元加以干预。在实践中，新兴市场经济体既让本国货币升值，又通过购买美元加以干预外汇市场。表现为在美国积极推出量化宽松货币政策时期，新兴市场汇率指数上升与外汇储备显著增长（麦金农，2014）。

但是，总体来说，随着全球金融市场的联系越来越密切，金融一体化程度越来越高，新兴经济体的金融市场对发达国家的利率变动更为敏感，量化宽松的货币政策将会促使新兴市场经济体具有内生性的扩张倾向，促使其维持较为宽松的货币政策（陈，2011）。这使得中央银行在制定政策利率时面临两难选择：一方面，如果中央银行选择提高短期政策利率，虽然有助于降低通货膨胀压力，但由于投资者寻求更高的收益率，这可能会导致新一轮的资本流入，此外，短期政策利率的提升可能会通过本国货币的升值而不利于本国出口行业；另一方面，如果中央银行选择降低短期政策利率，将通过本国货币的相对贬值，减少汇率波动幅度而有助于出口市场，而短期政策利率的下降可能会增加通货膨胀压力并导致房地产泡沫和金融市场动荡，引发金融失衡。中央银行面临这种两难局面进行权衡取舍，一些新兴经济体的中央银行倾向于下调政策利率，意在避免汇率的升值幅度和波动幅度的增加。一般而言，汇率的大幅波动往往导致产出波动，从而又可能加剧实体经济的波动性和脆弱性。因此，一些新兴经济体的中央银行在资本大量流入时，倾向于保持较低的短期政策利率。由于新兴经济体国家的中央银行采取"跟随领导者行为"——跟随美联储设定较低的短期政策利率，从而"进口"美国的非传统货币政策。

新兴市场政策制定者对宽松的货币政策的担忧在于：首先，新兴市场政策制定者担心汇率大幅调整会迫使出口商和通过进口商品竞争的公司进行巨大而费力的调整；其次，外国货币虽然暂时贬值，但也可能突然大幅升值，即出现资产负债表错配，因此，对不断增加的以美元计价的负债非常担心；最后，资产价格快速上升、信贷泡沫的形成以及企业借贷巨大且不断攀升会增大新兴市场经济体的金融脆弱性，如果新兴市场经济体的中央银行提高政策利率，会吸引更多的国际资本流入，导致本国货币升值，从而枉费它们增加借贷成本以抑制泡沫的努力。

第五节

小　结

短期来看，美国推出非传统货币政策，有利于全球金融环境的改善与市场信心的恢复，以及总需求的进一步加强，可以为新兴市场经济体带来正面作用。但是，美国推出非传统货币政策，导致国际资本流入新兴市场经济体，促使新兴市场经济体的资产价格高涨，一旦美元大幅升值，会给新兴市场经济体的金融稳定带来压力。

鉴于金融全球化与贸易一体化的程度加深，发达经济体与新兴市场经济体之间的溢出效应不断增加，因此，中央银行家应该及时加强信息沟通，对政策的采用与政策的潜在效果要充分讨论。同时，新兴市场经济体还要实施审慎的资本监管政策，以抑制投机资本对本国金融市场的冲击。

第九章

美国非传统货币政策正常化
对中国的溢出效应 *

国际金融危机爆发之后，美国的批发融资市场出现流动性紧缩，零售融资市场出现动荡，影响货币政策的传导，同时，美国的货币政策受到零利率下限的约束。在这种情况之下，为了改善融资环境，刺激经济复苏，美联储不得不求助于非传统货币政策，运用包括量化宽松政策与前瞻指引①的非传统货币政策工具。随着美国经济复苏，美联储开始考虑逐步退出非传统货币政策。2013 年 12 月，鉴于经济增长前景趋好，劳动力市场有所改善，美联储逐步退出量化宽松政策。在 2014 年 10 月召开的例会上，美联储宣布，考虑到劳动力市场前景显著改善，同时经济持续走强，决定自当月起，结束资产购买，但保留了对未来联邦基金利率实施前瞻指引的政策，以引导市场预期。2015 年 12 月 16 日，美国联邦公开市场委员会宣布调高联邦基金利率 25 个基点，从而终结实施了近七年的零利率政策。这是继 2014 年分步退出购债计划之后，美联储推进货币政策正常化又一重大步骤，市场参与者将关注重点转移到提升利率的程度与速度以及资产负债表的收缩节奏。

在过去几十年里，新兴经济体大规模资本流动转向的情况多次发生，并往往导致金融危机和经济衰退，作为事实上的世界中央银行，美国的货币政策是资本流动转向的关键驱动因素。典型案例包括 20 世纪 80 年代的拉美债务危机、1994

---

* 本章的主要部分以题为《美国货币政策正常化对中国的溢出效应：资本使用者成本视角》发表于《新金融》2017 年第 1 期，发表时的合作者是付志刚博士与邓黎桥博士。

① 前瞻指引是美联储进行信息沟通的一项政策创新，就政策利率未来的可能走势与公众进行沟通，进而管理市场对未来短期利率的预期。

年的墨西哥比索危机、1997 年的亚洲金融危机、1998 年的俄罗斯卢布危机、2001 年的阿根廷货币危机。需要指出的是，这些经济体的金融危机与经济波动折射出新兴经济体自身优势和弱点的变化情况。

当美国退出高度宽松的货币政策时，投资者为追求更高收益，通常会将资本流出新兴经济体。资本大量流出会导致新兴经济体国内资产价格大幅度下跌，信贷规模锐减，从而导致金融危机与经济危机。最近美联储正在实施货币政策正常化，并逐步退出宽松的货币政策，政策退出会不会导致大量资本流出，引发更多的潜在危机和经济混乱？通过理解美国非传统货币政策正常化对新兴经济体溢出效应的渠道与溢出程度，有助于预测美国货币政策正常化产生的影响，防止美国非传统货币政策退出的溢出导致金融市场"突然失控（taper tantrum）"，进而防止美国非传统货币政策退出给中国经济造成强烈冲击。

第一节

文献综述

理论上讲，美国非传统货币政策对新兴经济体产生溢出效应，是通过资产组合渠道、信号渠道、汇率渠道与贸易渠道（拉维妮等，2014）。就汇率渠道与贸易渠道而言，美国非传统货币政策的推出对新兴市场经济体的溢出效应，主要是通过需求增加效应与支出转换效应。具体来讲，需求增加效应是指，美国货币政策放松导致美国的需求增加，使得新兴市场经济体的出口增加；支出转换效应是指，美国货币政策放松使美国的债券收益率降低，进而导致美元汇率贬值，结果造成相对于新兴市场经济体，美国的商品便宜，支出从新兴市场经济体转移到美国。在相当程度上，需求增加效应与支出转换效应可以相互抵消（雷，2016）。照此逻辑，美国非传统货币政策的退出造成的需求减少效应与支出转换效应，也可以相互抵消。就信号渠道而言，艾森曼等（Aizenman et al.，2014）研究发现，美联储发布的逐步退出量化宽松政策的系列公告会对新兴市场国家的投资者信心造成冲击，从而会减少新兴市场国家股票市场的投资，使得股票指数大幅下滑。

但是，近期研究表明，在美国非传统货币政策退出对新兴经济体产生溢出效应中，汇率渠道和资产组合渠道更加重要，尤其是在金融市场开放的环境下，这是因为，美国的货币政策会极大影响金融市场的风险溢价、资产价格波动和全球信贷增长（国际货币基金组织，2013）。

削减购买债务数量对新兴市场经济体的影响。阿奇乌兹（Akyüz，2014）认为，美国量化宽松政策的退出将导致美国长期利率上升以及新兴市场国家的动荡。这表明，新兴市场国家并没有代替发达国家成为全球经济的新引擎，全球经济依然受到发达国家货币政策的溢出效应的影响。随着量化宽松政策的退出，大量国际游资将离开新兴市场，从而对新兴市场的宏观经济造成冲击。因此，新兴市场国家的政策制定者应该避免使用外汇储备来填补大量且持续的资本外流，而且应考虑进行适当的汇率和信贷限制。

美国非传统货币政策正常化，对具有不同特征的国家影响不同。赖伊和苏查内克（Rai and Suchanek，2014）的研究结果表明，在美联储发布削减购买债务数量的信息之后，经济基本面强劲（经济增长速度较快、经常账户赤字较少、债务率较低与生产率增长较快）的经济体，相对而言受到的资本流动和货币贬值的破坏较小。考虑到金融市场的发展与金融管制等因素，米斯拉等（2014）研究发现，经济基本面更加强劲、金融市场更加深化、资本管制与宏观审慎监管更加严格的新兴市场经济体的汇率贬值幅度较小。但是，艾森曼等（2014）则发现，美国量化宽松政策的退出对经济基本面更好的新兴市场国家影响更大。他们认为，这是因为在量化宽松政策实施过程中，经济发展更好的国家吸收了更多的外来资金，因此，资金流出和融资套利交易逆转也会更为严重。基于 2013 年 4 月 ~ 2013 年 8 月的样本数据，艾钦格林和古普塔（Eichengreen and Gupta，2014）检验了汇率、股票价格与外汇储备的变化，结果显示，强劲的经济基本面并没有为资本流出提供免疫力，相反，对具有相对成熟金融市场的新兴市场经济体而言，国内外的投资者们能够更充分地调整投资组合，从而造成更严重的资本外流。

对中国的影响而言，谭小芬、熊爱宗、陈思翀（2013）认为，一旦美国启动量化宽松政策的退出操作，将会出现美国债券收益率上升、美元升值、短期国际资本回流美国、新兴市场资产价格和大宗商品价格回落等，中国需要对此做出前瞻性的政策调整和应对，以避免内部监管加强和外部环境紧缩相互叠加引发国内宏观经济过度波动。

作为世界上最大的新兴经济体，中国的经济增长速度一直处于全球领先地位。随着资本项目逐步开放，中国经济受到外部环境的影响越来越大，分析美国退出非传统货币政策对中国金融市场的影响渠道与影响程度，有助于预测美国货币政策正常化对中国产生的影响，有助于中国采取应对措施，防止美国非传统货币政策退出对金融市场与中国经济的强烈冲击。现有的文献已经取得一些成果，与既有文献相比，本书的贡献在于两个方面，一是理论分析美国非传统货币政策的退出对中国长期利率的影响渠道；二是实证检验美国非传统货币政策的退出对中国长期利率的影响程度。

本章的其他结构安排如下：第二节介绍在金融市场上，美国非传统货币政策溢出效应的理论模型，第三节说明计量模型、变量选取与数据，第四节给出初始检验与稳健性检验的实证检验过程与结果；第五节是评论性总结。

第二节

美国非传统货币政策溢出效应的理论模型

在封闭经济体中，资本使用者成本可以表示为：

$$U^c = P^c \{ E[(i - \pi) - (\pi^c - \pi)] + \delta \} \qquad (9-1)$$

其中，P^c 是固定资本的绝对价格，i 是短期利率，π 是通货膨胀率，π^c 是资产价格上涨率，δ 是折旧率，E 是预期因子。式（9-1）表明，资本使用者成本等于实际利率减去资产价格真实上涨率，再加上折旧率。假设折旧率一定，资本使用者成本取决于资本使用期内的预期实际利率与预期资产价格实际上涨率。

在宏观经济中，企业扩大规模、家庭购买住宅等支出决策取决于对长期利率的预期，在金融市场运行良好的情况下，中长期利率与短期利率具有明确的关系，中央银行调控短期利率就相当于调控长期利率。在金融市场运行严重受损或者短期利率达到零利率下限的情况下，短期利率与长期利率脱节，如果中央银行的承诺可信，同时，市场参与者的预期正确，只要中央银行对未来短期利率路径的表述清晰，市场参与者就会充分理解货币当局政策的真正意图，从而形成理性预期，直接调控中长期利率，进而促进家庭消费与企业投资做出相应的改变（郭强，2015）。根据利率的期限结构理论，对期限为 N 的债券来说，其长期利率 LT_t^N 可以表示为预期短期利率 i_{t+i}^1 与期限溢价 ρ_t^N 的函数，利率期限结构模型可以表示为：

$$(1 + LT_t^N)^N = (1 + i_t^1)(1 + E_t i_{t+1}^1) \cdots (1 + E_t i_{t+N-1}^1)(1 + \rho_t^N)^N \qquad (9-2)$$

两边取对数，并整理可得：

$$LT_t^N = \frac{i_t^1 + E_t i_{t+1}^1 + \cdots + E_t i_{t+N-1}^1}{N} + \rho_t^N \qquad (9-3)$$

其中，i_{t+i}^1 表示在 $t+i$ 时刻的一年期债券的市场利率，N 表示债券持有期，E 是预期因子，ρ_t^N 表示按年计算的期限溢价，表示为投资者为弥补其持有高风险债券而获得的额外回报，期限溢价随 N 的增加而变大。因此，在不考虑预期利率变化的情况下，收益曲线基本上向上倾斜。通常情况下，短期利率就是无风险利率，如果金融市场运行良好，不同期限的金融工具相互套利，长期债券收益率等于短期利率加上期限溢价，因此，在整个收益曲线中，短期利率至关重要。

在全球资本市场一体化的背景下，资本使用者成本的这一框架可以运用到开放经济条件，来分析美国非传统货币政策正常化的溢出渠道。国际资本套利把汇率的贬值幅度与收益率差异联系起来。

由汇率的资产组合平衡模型可知，利率之差等于预期汇率贬值幅度与风险溢价之和，可以得到：

$$LT^d - LT^f = E\Delta(e) + \sigma \qquad (9-4)$$

根据利率期限结构模型，由式（9-3）可以得到：

$$LT^d = E(i^d) + \rho^d \qquad (9-5)$$

$$LT^f = E(i^f) + \rho^f \qquad (9-6)$$

其中，LT^d 表示中国债券收益率，LT^f 表示美国债券收益率，i^d、i^f 分别表示中国的政策利率、美国的短期政策利率，e 是人民币在直接标价法下的名义汇率，σ 是风险溢价，ρ^d、ρ^f 分别表示中国长期债券的期限溢价与美国长期债券的期限溢价。

由式（9-3）、式（9-4）、式（9-5）与式（9-6）可得开放经济条件下资本使用者成本：

$$U^c = P^c \{ E[(i^f - \Delta(e) - \pi^c) + (\rho^f - \rho^d)] + \sigma + \delta \} \qquad (9-7)$$

由式（9-7），可以看出美国货币政策正常化影响中国长期利率的渠道。

第一，预期美国短期利率的变化路径。如果预期美国短期利率上涨，则中国的资本使用者成本增加；如果预期美国短期利率下跌，则中国的资本使用者成本降低。短期利率的预期受两个因素的影响：一是当下的货币政策立场；二是市场参与者对政策未来演变的预期。就预期美国短期利率的变化路径而言，美国实施前瞻指引政策，在利率恢复的条件就绪之前，美联储承诺将短期利率在一段时间内维持在一定水平。前瞻指引可以分为三代：第一代是定性地描述未来可能选取的路径，比如中央银行表示政策利率会维持"一段时间"或者"更长一段时间"；第二代是日期指引，即中央银行表示可能在某个时间点之前，维持政策利率不变；第三代是以经济状况为参照的前瞻指引，即中央银行承诺在经济状况达到某个水平前，维持政策利率不变（加尼，2013）。按照这种分类，美联储已经采用了三代前瞻指引，实施前瞻指引使市场参与者预期美国的短期利率的演变路径。在美联储前瞻指引下，在退出量化宽松政策很长一段时期内，预期美国短期利率上涨，在这一渠道的影响下，中国的资本使用者成本将会增加。

第二，金融加速器渠道。考虑到金融摩擦因素，当美国经济走强，美国退出量化宽松政策之后，提升利率会导致国际资本流出中国。在这种情况下，一方面，导致资产价格下跌，另一方面，如果家庭和企业积累了以美元计价的负债，资本流出会导致人民币汇率贬值，资产价格下跌与人民币汇率贬值的共同作用导致抵押品价值缩水与以美元计价的负债增加，从而削弱企业与家庭资产负债表，致使外源融资溢价增加，造成中国的资本使用者成本的上涨。

第三，期限溢价的变化。美国期限溢价降低，等同于预期美国短期利率下跌，导致人民币汇率升值，会降低中国的资本使用者成本；美国期限溢价上升，等同于预期美国短期利率上涨，导致人民币汇率贬值，会提高中国的资本使用者成本。期限溢价的变化会导致长期利率的波动，美联储推行量化宽松的货币政策降低长期利率的期限溢价（伯南克，2013），而美联储退出量化宽松的货币政策会提升长期利率的期限溢价，这使得中国的资本使用者成本增加。

第四，风险溢价的变化。由于一些国家债务较高、政治动荡，或者法律保护和金融监管不力，所以投资者认为其风险较高，因此，高风险国家的利率等于低风险国家的利率加上风险溢价，对长期资产而言，尤其是这样。根据经验，新兴市场经济体的汇率比发达国家的波动性更大，因此，投资者持有新兴经济体的债券需要额外的补偿，也就是风险溢价。随着美国经济走强与中国的金融市场出现动荡，相对于美元，人民币处于贬值的压力之下，这使得人民币的风险溢价增加，中国的资本使用者成本上涨。

理论分析表明，美国非传统货币政策正常化，预期美国短期利率上升、金融加速器渠道与美国国债的期限溢价增加、风险溢价上涨促使中国的长期利率提升。

第三节

计量模型与变量选取

（一）模型设定

向量自回归（VAR）模型把系统中每一个内生变量作为系统中所有内生变量的滞后值的函数，在多元时间序列分析中得到了广泛应用。由于大多数金融和经济的时间序列是非平稳的，其均值和方差会随时间的变化而变化，若用非平稳时间序列建立模型，往往会产生虚假回归。因而，恩格尔（Engle）和格兰杰（Granger）提出协整概念，为两个或多个非平稳变量间寻找均衡关系以及用存在协整关系的变量建立长短期均衡模型奠定了理论基础。向量误差修正模型（VECM）正是含有协整约束的向量自回归（VAR）模型，通常应用于具有协整关系的非平稳时间序列，用于描述经济变量序列之间的长期表现和短期特征。

向量误差修正模型的一般形式为：

$$\Delta Y_t = \Pi Y_{t-1} + \sum_{i=1}^{p-1} \Gamma_i \Delta Y_{t-1} + \varepsilon_t \qquad (9-8)$$

式（9－8）中，每个方程的误差项$\varepsilon_t(t=1,2,\cdots,k)$都具有平稳性。

当 k 个 I(1) 过程存在 r(1 < r < k) 个协整组合，其余（k－r）个关系仍为 I(1) 关系时，Π 可分解成两个（k×r）阶矩阵 α 和 β 的乘积：

$$\Pi = \alpha\beta'$$

矩阵 α 为调整参数矩阵，其每一行都是出现在第 i 个方程中的 r 个协整组合的一组权重。矩阵 β 为协整向量矩阵，其每一行决定了 $Y_{1,t-1}$、$Y_{2,t-1}$、$\cdots$、$Y_{k,t-1}$ 之间协整向量的数目与形式，r 为协整向量的数目。因此，误差修正项是 $\beta'Y_{t-1}$，令 $ecm_{t-1} = \beta'Y_{t-1}$，则一般形式可以表示为：

$$\Delta Y_t = \alpha \times ecm_{t-1} + \sum_{i=1}^{p-1} \Gamma_i \Delta Y_{t-1} + \varepsilon_t \qquad (9-9)$$

式（9－9）中的每个方程都是一个误差修正模型。

（二）变量选取与数据来源

国际金融危机爆发之后，美国的联邦基金利率一直在零附近。本章旨在研究美国长期利率对中国长期利率的影响，我们选取的变量为美国十年期国债收益率（USTS）、联邦基金利率（FFR）、中国十年期国债收益率（CNTS）、人民币兑美元中间价（CNY）与隔夜拆借利率（SHIBOR）。其中，美国十年期国债收益率（USTS）数据来自美联储网站，联邦基金利率（FFR）、中国十年期国债收益率（CNTS）、人民币兑美元中间价（CNY）与隔夜拆借利率（SHIBOR）来自 Wind 资讯数据库。

（三）样本区间选择

考虑到 2015 年 12 月 16 日，美国联邦公开市场委员会宣布调高联邦基金利率 25 个基点，从而终结实施近七年的零利率政策，因此，样本区间选择为：2009 年 4 月 1 日 ~ 2015 年 12 月 16 日。

(四) 统计描述

表 9 - 1 给出了各变量的描述性统计。表 9 - 1 报告，平均而言，美国十年期国债收益率是 2.586，而中国十年期国债收益率为 3.6657，比美国的高出 1 个多百分点。

表 9 - 1   各变量的描述性统计

	平均值	最小值	最大值	标准差
CNTS	3.6657	2.98	4.7222	0.3689
USTS	2.586	1.43	3.98	0.6446
SHIBOR	2.4607	0.8008	13.444	1.1484
CNY	6.4053	6.093	6.837	0.2626
FFR	0.1269	0.04	0.25	0.0394

进一步，为了描述变量之间的关系，表 9 - 2 报告了美国十年期国债收益率与中国十年期国债收益率的相关性，可以看出，美国十年期国债收益率与中国十年期国债收益率呈现正相关关系，初步显示，美国长期利率上调促进中国的长期利率上涨。

表 9 - 2   美国十年期国债收益率与中国十年期国债收益率的相关性

	CNTS	USTS	SHIBOR	CNY
CNTS	1.0000	0.1379	0.3871	- 0.4234
USTS	0.1379	1.0000	- 0.3105	0.6954
SHIBOR	0.3871	- 0.3105	1.0000	- 0.4807
CNY	- 0.4234	0.6954	- 0.4807	1.0000
FFR	- 0.5784	0.1900	- 0.4765	0.5946

第四节

美国非传统货币政策对中国长期利率影响的实证检验

（一）单位根检验

多变量时间序列分析进行之前，需要对变量进行平稳性检验。常见的平稳性检验方法为单位根检验（ADF），基于此，本章利用 Eviews 软件，选择合适的模型，对上述变量分别进行单位根检验。得到的结果如表 9 – 3 所示。

表 9 – 3　　　　　　　　　　变量的单位根检验

	（C，T，K）	统计值	概率	是否有单位根
CNTS	（0，0，1）	− 0.2924	0.5807	是
USTS	（0，0，2）	0.5807	0.4632	是
SHIBOR	（0，0，8）	− 1.9648	0.0473	否
CNY	（C，0，1）	− 1.6403	0.4616	是
FFR	（0，0，4）	− 0.9023	0.3254	是

注：（C，T，K）为检验时模型的选择，其中，C 表示截距项，T 表示趋势项，K 表示最优模型的滞后阶数。如（C，0，1）表示选择具有只有截距项滞后一阶模型进行分析。

从表 9 – 3 中可以看出，中国十年期国债收益率（CNTS）、美国十年期国债收益率（USTS）、人民币兑美元中间价（CNY）与联邦基金利率（FFR）都存在单位根，只有隔夜拆借利率（SHIBOR）不存在单位根，也就是说，上述变量中，只有隔夜拆借利率是平稳的，其他变量都不平稳。

（二）协整检验

根据计量经济学理论，当变量不平稳时，此时应该选择向量误差修正模型（VECM）进行分析。在此基础上，还需要对模型的协整关系进行判断。具体选择 J-J 方法对变量之间的协整性进行检验，得到的结果如表 9-4 所示。

表 9-4   变量之间的协整分析

零假设	特征值	迹统计量	0.05 临界值	概率
无 *	0.051065	141.1885	69.81889	0.0000
至少一个 *	0.022649	59.15868	47.85613	0.0031
至少二个	0.010403	23.30583	29.79707	0.2313
至少三个	0.002887	6.939403	15.49471	0.5847
至少四个	0.001542	2.414815	3.841466	0.1202

注：* 表示在 5% 的显著性水平下拒绝原假设。

从表 9-4 中可以看出，没有协整关系的特征值和迹统计量结果显示，在 1% 的水平上拒绝原假设，即往下对至少一个协整关系进行检验。至少一个协整关系的特征值和迹统计量结果显示，在 1% 的水平上拒绝原假设，即进一步往下对至少二个协整关系进行检验，最后显示模型在 10% 的水平上不拒绝原假设，因此，本章认为变量之间存在二个协整关系。基于此，本章建立向量误差修正模型进行分析。

（三）滞后阶数的确定

在向量误差修正模型中，还需要对模型的滞后项进行确定。一般而言，如果变量的最大滞后阶数太小，残差可能存在自相关，导致估计参数的不一致性；适当增加滞后阶数，有助于残差中存在的自相关，但是，如果变量的最大滞后阶数太大，待估参数增加，会降低自由度，直接影响模型估计的有效性。基于此，本章利用赤池信息准则（AIC）、施瓦茨准则（SC）等方法，确定选择最优的滞后阶数。

从表 9-5 中可以看出，不同的方法得到的最优滞后项并不一致。如 SC 与信息准则统计量（HQ）方法认为最优滞后阶数为 2，而最终预测误差统计量（FPE）与赤池信息准则（AIC）方法认为最优滞后阶数为 4。此处进一步结果模型的简约性，最后选择实证模型的滞后阶数设定为 2。

表 9 - 5 最优滞后阶数的选择

滞后期数 （Lag）	对数似然值 （Logl）	似然比统计量 （LR）	FPE	AIC	SC	HQ
0	54.20	NA	0.00	-0.06	-0.05	-0.06
1	15130.52	30036.66	0.00	-19.36	-19.26	-19.32
2	15344.29	424.53	0.00	-19.60	-19.41 *	-19.53 *
3	15372.75	56.33	0.00	-19.61	-19.33	-19.50
4	15398.36	50.54	0.00 *	-19.61 *	-19.25	-19.47
5	15413.74	30.24	0.00	-19.59	-19.15	-19.43
6	15422.59	17.35	0.00	-19.57	-19.04	-19.38
7	15451.02	55.54 *	0.00	-19.58	-18.96	-19.35
8	15462.09	21.56	0.00	-19.56	-18.86	-19.30

注：＊表示每一列标准中选择滞后阶数。

（四）基于脉冲响应函数的评价

向量误差修正模型估计的单个系数本身没有很强的经济学含义，不能揭示某个给定变量的变化对系统其他变量的影响及持续的时间，需要采用脉冲响应对模型进行分析。脉冲响应函数可分析模型受到某种冲击时，随机扰动项一个标准冲击对其他变量现在及未来取值的影响轨迹，它可以形象地描绘出变量间的动态交互作用及效应。根据本章的研究目的，我们主要考察美国非传统货币政策对中国金融市场的溢出效应。

由图 9 - 1 可见，从美国十年期国债收益率的变化对中国十年期国债收益率的变化一个标准差新息冲击产生的脉冲响应函数可以看出，受到本期美国十年期国债收益率的变化一个标准差的正向冲击后，中国十年期国债收益率呈现快速的正向促进作用，且具有持续的效应。具体而言，第 1 期冲击效应达到 0.0034，第 4 期达到 0.004 之后，两年之内基本维持在这个水平。其经济含义是，中国的十年期国债收益率受美国十年期国债收益率的正向影响——如果美国十年期国债收益率下降，则导致中国十年期国债收益率下降；反之亦然。

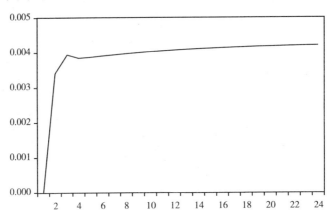

图 9-1　美国十年期国债收益率变化对中国十年期国债
收益率变化冲击的脉冲响应函数（Ⅰ）

（五）稳健性检验

为了确保实证结果的可靠与稳健，我们使用三种方法进行稳健性检验。第一种方法是采用其他实证模型；第二种方法是改变样本区间；第三种方法是替换变量，用美国五年期国债收益率替换美国十年期国债收益率。

1. 采用其他实证模型

我们选用 VAR 模型，本章选取的变量分别为美国十年期国债收益率的一阶差分、中国十年期国债收益率的一阶差分、人民币兑美元中间价的一阶差分、联邦基金利率一阶差分与隔夜拆借利率五个变量。得到的结果如图 9-2 所示，受到本期美国十年期国债收益率的一阶差分一个标准差的正向冲击后，第 2 期有一个较大的正响应，具体为 0.0034，第 3 期之后，中国十年期国债收益率的一阶差分大幅度下降，具体为 0.0005，第 4 期之后，基本上不产生影响。从整体上看，美国十年期国债收益率对中国十年期国债收益率的一阶差分略微产生短暂的正向影响。

2. 改变样本区间

2014 年 9 月 30 日，美联储宣布，自 10 月起结束资产购买。鉴于此，我们把

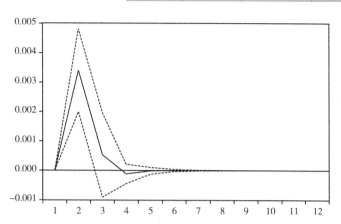

图9-2　美国十年期国债收益率变化对中国十年期国债
收益率变化冲击的脉冲响应函数（Ⅱ）

样本区间改为：2009年4月1日~2013年5月22日。测算美国十年期国债收益率变化对中国十年期国债收益率变化的影响，结果如图9-3所示，在本期美国十年期国债收益率的一个标准差的正向冲击后，第1期中国十年期国债收益率快速上升，第2期有一个较大的正响应，具体达到0.0038，第3期的冲击效应达到0.005，之后基本维持在0.0047的水平。从整体上看，美国十年期国债收益率对中国十年期国债收益率的一阶差分略微产生正向影响。

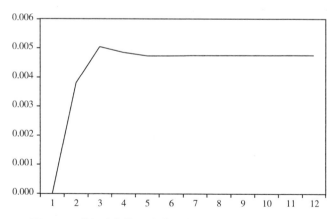

图9-3　美国十年期国债收益率变化对中国十年期国债
收益率变化冲击的脉冲响应函数（Ⅲ）

3. 选择其他变量

用美国五年期国债收益率取代美国十年期国债收益率，测算美国非传统货币政策对中国十年期国债收益率的影响。结果如图 9 - 4 所示，在受到本期美国五年期国债收益率的一个标准差正向冲击后，第 2 期有一个较大的正响应，具体为 0.003，第 3 期中国十年期国债收益率基本维持在 0.0029 的水平，且具有持久的效应。从整体上看，美国五年期国债收益率对中国十年期国债收益率产生正向促进作用。

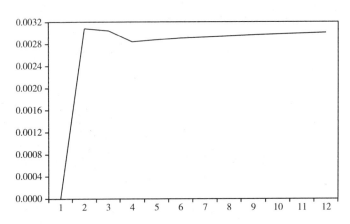

图 9 - 4　美国五年期国债收益率变化对中国十年期国债
收益率变化冲击的脉冲响应函数（Ⅳ）

第五节

小　结

历史经验一再表明，从宽松的全球流动性到大规模国际资本流动，再到汇率升值及资本流入国的资产价格上升和信贷繁荣，紧随其后过度放贷、经常账户赤字及资产价格崩溃，最终结果可能是资本大规模流出导致金融危机和经济衰退。作为事实上的世界中央银行，美联储的货币政策转向是国际资本流动逆转的关键驱动因素。市场普遍预测，2015 年下半年或者 2016 年，美国非传统货币政策正常化会使政策利率上调，这很有可能导致国际资本从新兴经济体流向美国，从而给新兴经济体的金融稳定与宏观经济稳定带来威胁。

　　在美国实施量化宽松与前瞻指引两项非传统货币政策过程中，量化宽松政策影响美国长期利率的期限溢价，前瞻指引影响预期美国短期利率的变化路径。把资本使用者成本分析框架运用到开放经济条件，进而分析货币政策的溢出渠道，可以发现，预期美国短期利率的变化路径、金融加速器渠道、期限溢价降低与风险溢价上升等渠道影响新兴经济体的长期利率。理论分析表明，美国实施量化宽松与前瞻指引等非传统货币政策，通过预期美国短期利率维持超低水平与人民币货币风险溢价下降促使中国的资本使用者成本不会增加；金融加速器渠道与美国国债的期限溢价降低会促使中国的资本使用者成本降低。本章应用向量误差修正模型，实证结果表明，美国的非传统货币政策对中国的长期利率具有显著的溢出效应——美国中长期利率对中国长期利率产生正向影响，但是影响不大，并且这一研究结论具有稳健性，显示出中国的资本管制的有效性。由此可以预测，如果美联储采用加息或者出售长期资产等措施退出非传统货币政策，美国中长期利率上升，那么中国的长期利率也会随之上升，这将轻微地抑制中国企业投资的增加与消费的增多，给中国经济增长带来些许下行压力。

　　截至 2014 年年末，中国外债余额为 8955 亿美元，从期限结构看，中长期外债余额为 2744 亿美元，占 30.6%；短期外债余额为 6211 亿美元，占 69.4%。为了防止美联储非传统货币政策退出造成国际资本大规模流出以及对金融市场的影响，中国应该加快推动经济结构调整，发展金融市场，使资金流向稳定而具有效率的生产部门，保持经济中高速增长，强化国际资本流入的拉动因素，并辅以审慎的资本管制，改善宏观经济政策与金融政策框架，以缓解国际资本流动逆转给中国金融市场与宏观经济带来的冲击。

第十章

反思货币政策最终目标

20世纪80年代初至2007年，发达经济体经济的周期性波动持续减弱，致使宏观经济学家和政策制定者认为自己居功甚伟，并据此得出结论，他们已经掌握了制定宏观经济政策的方略。2007~2009年的国际金融危机不仅摧毁了实体经济活动，产生了自大萧条以来的世界性的经济衰退，也一扫中央银行家成功管理经济的信心。国际金融危机对经济产生深远的影响，同时，影响到宏观经济政策框架与经济学家对宏观经济和金融现象的分析视角（伯南克，2011）。

国际金融危机已经影响并将继续影响现代中央银行的理论与实践。国际金融危机爆发之后，许多中央银行已经改革货币政策最终目标。例如，加拿大货币当局调整了原有的通货膨胀目标制，更多地关注了金融周期问题，新的政策框架指出"使通货膨胀能够更长时期地保持在目标水平之下，要求采取更严厉的货币政策，防止过度杠杆化的产生，以及金融不平衡状况的随之出现"。英格兰银行发生了很大变化，银行监管职责重新回归，并建立了新的金融政策委员会，负责维护金融体系的稳定性。

在中国经济进入"新常态"的进程中，随着利率市场化与汇率市场化提速，货币政策框架转型显得尤为迫切。货币政策框架转型需要重新确认货币政策的最终目标。基于此，本章的研究重点是，在确定货币政策最终目标方面，我们应该从国际金融危机中汲取哪些教训，以促使货币政策目标更加明确与经济平稳快速发展。

第一节

文献综述

国际金融危机爆发之后，国际经济学界深刻反思包括货币政策的宏观经济政策。布兰查德（2010，2013，2015）组织了三次学术讨论会，反思宏观经济政策，在货币政策方面，前两次反思重点关注货币政策最终目标，第三次反思侧重于货币政策中间目标，对于货币政策最终目标的反思主要集中于在正常时期，为了应对大规模的负面冲击，政策制定者应该制定更高的通货膨胀目标，为货币政策应对这些冲击留出更大的空间（布兰查德等，2010）；由于产出与通货膨胀相关性持续保持微弱，中央银行需要更明确地以经济活动为盯住目标（布兰查德等，2013）。米什金（2011）最先系统地梳理了货币政策方略，关于货币政策最终目标，在他看来，用货币政策追求金融稳定目标不是一件易事，然而，如何监测信贷状况，以使约束过度风险的货币政策建立在正确的信息基础上将成为未来研究的重点。

尽管布兰查德等（2010，2013）建议提高通货膨胀目标或者以名义国内生产总值的增长为目标，但是美联储都没采用，其原因在于：首先，不管其优点和缺点是什么，现有的目标政策框架与国会规定的美联储的职责有直接且透明的联系。美联储将其他变量作为目标可能会有更好的成效，但政策与指标之间的联系会变得复杂且间接。其次，货币政策都不会从零开始。过去的几十年里，美联储都在向着2%的通货膨胀率目标而努力，并对相关的策略做出解释，如果改变货币政策最终目标，美联储需要重塑市场预期和长期可信度。最后，美国国会同意货币政策改变目标的可能性极小（伯南克，2015）。关于金融稳定在货币政策中的作用，伯南克（2013）比米什金（2011）的看法更为乐观，在伯南克（2013）看来，美联储已经将维持金融稳定与制定货币政策两项职责置于同等重要的地位，这一重大的制度性变革还反映在货币政策目标的变化之上。与伯南克（2013）的看法类似，比恩（Bean，2014）指出，保持通货膨胀处于目标值的努力可能出现加剧金融失衡的情形，为此金融政策委员会需要判断是否存在潜在的金融稳定风险。金融政策委员会的宏观审慎政策是应对这种风险的第一道防线，并且在这种情况下，货币政策委员会可以暂时偏离通货膨胀目标，应该建立有效的审慎监管框架以补充货币政策。斯蒂格利茨（Stiglitz，2012）的看法更为极端，斯蒂格利茨认为，货币政策的目标应该是为经济可持续增长创造环境，而相对金融市场失灵所造成的损失，价格错配所造成的损失微不足道，因此，在通货膨胀可控的情况下，金融稳定比价格稳定重要得多，货币政策的首要目标应该金融稳定。但是，近期来看，对于新兴经济体而言，货币政策目标应该确定为包含外汇干预工具的通货膨胀目标制。

近年来，特别是国际金融危机爆发以来，不少理论文献以及发展中国家的政策实践都表明，针对经济全球化的趋势和开放经济的特点，各国货币政策的目标和工具可能不是唯一的，这与危机前发达国家普遍信奉的"单目标、单工具"理念形成鲜明对比（伍戈、刘琨，2015）。在周小川（2009）看来，为了克服金融危机，仅仅强调稳定通货膨胀这一目标是不够的，其他的经济目标，特别是经济复苏会成为货币政策的主要目标。具体来说，受经济转型和发展阶段的影响，中国的货币政策目标具有特殊之处，中国货币政策的最终目标包括：稳定物价、充分就业、促进经济增长和平衡国际收支，而对于任何一个国家的中央银行来说，这四个目标不能同时兼顾，因此，中国的货币政策目标应该确定为支持经济的平稳增长、保持物价的大体稳定（余永定，2014）。就物价而言，随着市场化发展和经济环境的变化，中国的货币政策需要更加关注更广泛意义上的整体价格稳定，同时更多考虑更长期的货币、金融稳定和宏观总量风险的问题，更多关注各类信用扩张可能显著影响价格和金融体系稳定的变化因素（张晓慧，2012）；张晓晶（2015）也指出，应将金融稳定纳入货币政策的目标框架之内，货币政策制定者必须关注多个目标，包括产出的构成、资产价格变化、杠杆化水平等。

国际金融危机之后，经济学界与决策层从各个角度反思货币政策，并获得丰硕的研究成果。本章的贡献在于丰富了货币政策理论：首先，运用最优货币政策理论，为国际金融危机前的货币政策最终目标的选择提供一个相对合理的解释；其次，结合经济实际运用状况，剖析国际金融危机前的货币政策最终目标选择的缺陷；最后，勾画出货币政策最终目标，为今后的关于货币政策操作工具、货币政策中介目标的选择与货币政策传导机制等方面的理论探索提供基本线索。

本章的其余部分安排如下：第二节介绍最优货币政策理论，为国际金融危机前的货币政策最终目标的选择提供解释；第三节说明中央银行实施通货膨胀目标制的方式及其基本假设；第四节从几个角度反思货币政策的最终目标，并指出未来的货币政策目标应该是同时追求价格稳定、产出稳定和金融稳定三个目标；第五节是结语。

第二节

最优货币政策理论与货币政策最终目标的选择

最优货币政策理论首先给出一个能反映经济体系中居民经济福利的目标函数，然后在经济模型的约束条件下最大化这一目标（米什金，2011）。此金融危机之前，目标函数和经济模型都建立在新共识宏观经济学的基础之上。

为了衡量居民福利的目标，通常用中央银行的损失函数测算，中央银行追求的目标是损失函数最小化。中央银行的损失函数表示为：

$$L = (Y_{t+1} - \overline{Y})^2 + \lambda \times (\pi_{t+1} - \overline{\pi})^2 \qquad (10-1)$$

其中，L 是中央银行的损失，Y_{t+1} 是下一期产出，$\overline{Y}$ 是潜在产出，$(Y_{t+1} - \overline{Y})$ 是产出缺口，π_{t+1} 是下一期通货膨胀水平，$\overline{\pi}$ 是通货膨胀目标水平，$(\pi_{t+1} - \overline{\pi})$ 是通货膨胀缺口，λ 是大于零的系数：当 $\lambda = 1$ 时，产出或者通货膨胀偏离目标会造成相同程度的损失；当 $\lambda > 1$ 时，通货膨胀偏离目标会比产出偏离目标的权重大，此时政策制定者是通货膨胀厌恶型的；当 $\lambda < 1$ 时，产出偏离目标会比通货膨胀偏离目标的权重大，此时政策制定者是经济增长偏好的。

约束条件为菲利普斯曲线：

$$\pi_{t+1} = \pi_t + \alpha \times (Y_{t+1} - \overline{Y}) \qquad (10-2)$$

将式（10-2）代入式（10-1），并对 Y_{t+1} 求导，可得：

$$\frac{\partial L}{\partial Y_{t+1}} = 2(Y_{t+1} - \overline{Y}) + 2\alpha \times \lambda \times [\pi_t + \alpha \times (Y_{t+1} - \overline{Y}) - \overline{\pi}] = 0 \quad (10-3)$$

将式（10-2）代入式（10-3），整理可得：

$$(Y_{t+1} - \overline{Y}) = -\alpha \times \lambda \times (\pi_{t+1} - \overline{\pi}) \qquad (10-4)$$

式（10-4）反映出货币政策制定者在产出水平与通货膨胀率之间的权衡关系。

IS 曲线：

$$Y_{t+1} = A - \varphi \times r_t \qquad (10-5)$$

其中，A 是自主需求，φ 是大于零的系数，r_t 是当期实际利率。

为了表述潜在产出，需要引入自然利率（r_n），也就是维持实际产出与潜在产出均衡的利率，由式（10-5），可得：

$$\overline{Y} = A - \varphi \times r_n \qquad (10-6)$$

由式（10-2）与式（10-6），可得：

$$(Y_{t+1} - \overline{Y}) = -\varphi(r_t - r_n) \qquad (10-7)$$

由式（10-2）与式（10-4），并整理可得：

$$\pi_t - \overline{\pi} = -\left(\alpha + \frac{1}{\alpha \times \lambda}\right)(Y_{t+1} - \overline{Y}) \qquad (10-8)$$

由式（10-7）与式（10-8），可得：

$$(r_t - r_n) = \frac{\alpha \times \lambda}{\varphi(1 + \alpha^2 \times \lambda)}(\pi_t - \overline{\pi}) \qquad (10-9)$$

$$r_t = \frac{\alpha \times \lambda}{\varphi(1 + \alpha^2 \times \lambda)}(\pi_t - \overline{\pi}) + r_n \qquad (10-10)$$

式（10-10）就是利率规则，该规则的政策含义是，当通货膨胀偏离目标时，相对于自然利率，怎样设定政策利率。需要说明的是，式（10-10）要求的是设定实际利率的规则，在当前与预期的通货膨胀水平已知的背景下，尽管货币政策制定者仅仅能控制短期名义利率，但是货币当局都可以把实际利率调设定在他们预期的水平上。

从最优货币政策理论可以看出，通常情况下，把通货膨胀看作是传达产出缺口的变量，通过合理设定政策利率，就可以实现低而稳定的通货膨胀，进而达到"天意巧合"，实现宏观经济的稳定。因此，国际金融危机之前，发达国家所实施的货币政策，简单来说，就是一个目标与一项工具，一个目标就是低而稳定的通货膨胀，一项工具就是政策利率。制定正确的政策利率，就可以实现低而稳定的通货膨胀，进而造就稳定的宏观经济。在一个目标和一项工具的货币政策框架下，责任非常清晰，这一框架保护了中央银行的独立性，因为中央银行以中立的技术官僚面目出现，就是为实现一个各方均认可的目标。

第三节

金融稳定政策与通货膨胀目标制

金融危机之前，关于货币政策与金融稳定政策，主流的观点认为，需要分别独立执行货币政策与金融稳定政策，由于金融监管措施防范可能导致金融不稳定的过度风险，因此，采用通货膨胀目标制度，就足以提高货币政策的有效性。

（一） 货币政策和金融稳定政策的分置

金融危机之前，中央银行家们已经意识到金融摩擦对实体经济具有严重的影响。尽管如此，中央银行的最优货币政策框架并不把金融摩擦作为经济周期波动的一个主要因素。这是由于货币政策和金融稳定政策的分置，也即这分别独立执行两种政策。如图 10 - 1 所示，货币政策工具强调将通货膨胀缺口和产出缺口最小化，而金融监管措施防范可能导致金融不稳定的过度风险。

图 10 - 1　金融危机之前的正统观点：通货膨胀目标制

国际金融危机之前，中央银行传统思维是，通货膨胀稳定和金融稳定在本质上是互补的，实现通货膨胀稳定能促进金融稳定。通过锚定通货膨胀预期，维持价格稳定有助于促进宏观经济的稳定。随之而来的宏观经济波动下降应该有助于减少金融不稳定。这一观点也得到了相关研究的支持（布兰查德与盖特勒，2001）。他们认为，致力于稳定通货膨胀和产出的货币政策更有助于稳定资产价格，减少资产价格泡沫。确实，中央银行在稳定通货膨胀并降低经济周期波动方面取得的成功，即著名的"大稳健"，曾经使得政策制定者颇为自得地忽视了金融失衡的风险。

货币政策越来越多地把重点放在政策利率这个工具上，即中央银行可以通过适当地公开市场操作来控制短期利率。在这个政策选择的背后有两个假设。第一个假设，货币政策的实际效果是通过利率和资产价格来实现的，而非通过货币总量的直接影响来实现。第二个假设，所有利率和资产价格都通过套利机制联系在一起，因此，长期利率是由风险调整后的未来短期利率的适当加权平均值决定的，而资产价格是由基本面和未来收益流的风险调整贴现值决定的。基于这两个假设，中央银行只需要影响当前的短期利率和预期短期利率，所有其他利率和价格都会随之变动。中央银行还可以直接或间接运用一个透明的、可预见的规则达到上述目的，如使用泰勒规则，该规则将政策利率作为当前经济环境的函数。对多个市场进行干预，也即同时干预短期和长期债券市场，不是多此一举就是相互抵触。

（二）通货膨胀目标制

通货膨胀目标制是中央银行公开宣布一个或者多个时限内的官方通货膨胀的数值目标（或者目标区间），同时，承诺稳定的低通货膨胀是货币政策的首要长期目标。通货膨胀目标制的货币政策框架包括以下几个要素：公开宣布中期的通货膨胀目标数值；在制度上承诺将物价稳定作为货币政策的长期和首要任务，并保证预定通货膨胀目标的实现；综合运用各种信息来制定策略；中央银行与公众和市场的信息沟通，及时向他们提供关于货币当局计划和目标的有关信息，提高货币政策透明度；提高对中央银行完成其通货膨胀目标的责任约束（米什金，2000）。

在实践中，只有少数几家中央银行只关心通货膨胀，大多数中央银行都实行"灵活的通货膨胀目标制"，推动通货膨胀在一段时间内而不是立刻回归一个稳定的目标水平。实施弹性的通货膨胀目标制，采取具有约束的相机抉择的政策，承诺稳定中期的物价与提升中央银行政策目标的透明度，这有助于中央银行家锚住长期通货膨胀预期，同时增加中央银行应对短期冲击的灵活性，进而提升货币政策在短期内稳定产出与就业的有效性。

通货膨胀目标制是中央银行受约束的相机抉择：一方面，在基于通货膨胀目标制的货币政策框架中，中央银行结合经济结构模型的预测与资深经济学家的主观判断，做出经济预测，并描述其将预测拉近目标的策略，来实现价格稳定的目标；另一方面，在实际操作中，通货膨胀目标制给决策者相当程度的相机抉择权，增强中央银行对短期宏观经济状况做出有效反应的能力（伯南克等，2001）。几乎所有实施独立货币政策的中央银行都遵循弹性通货膨胀目标制的总体原则，但它们在此方面的公关策略却大不相同。一些中央银行公布了明确的量化通货膨胀目标水平并将其作为政策目标，它们被划为完全的通货膨胀目标盯住者，但其他的中央银行则不愿意遵循这种明确的策略。根据货币政策对价格稳定承诺的清晰度和货币政策可信度两项指标，通货膨胀目标制可以分为正式通货膨胀目标制、折中通货膨胀目标制和初始型通货膨胀目标制（谭小芬，2008）。确立通货膨胀目标具体值，作为货币政策战略与信息沟通的基准。若缺少通货膨胀目标具体值，中央银行易于受到短期政治压力的干扰，导致通货膨胀预期逐步上升。但是，透明且可信的通货膨胀目标值有助于锚住通货膨胀预期，进而稳定实际通货膨胀。早在1989年，新西兰在全球率先实施通货膨胀目标制，而后，这种货币政策框架成为学术界与决策层讨论的热点，截至2012年，已经有25个经济体采用通货膨胀目标制。

总而言之，通过设定既定数字的通货膨胀目标与决策者向社会公众解释政策操作的理由，通货膨胀目标制可以提供一个透明的框架，加强中央银行与公众的沟通，帮助公众预测未来一段时期内中央银行可能采取的措施，完善了通货膨胀预期的机制，为经济结构变化和货币政策效率做支撑，从而提高货币政策的有效性。

第四节

货币政策最终目标的反思

关于中央银行应该履行其宏观调控功能，各方有明确的共识。与之相反的是，无论是在理论上还是在实践中，都没有达成以金融稳定为目标的共识。当存在金融失衡时宏观经济所表现出的非线性说明，危机前广泛运用的最优货币政策理论存在着两个重要缺陷：一是这一理论基于宏观经济可以用线性动态方程加以刻画的假设；二是中央银行的目标函数中没包含金融稳定。2007～2009 年的金融危机表明，虽然线性二次框架也许会提供一个合理的视角，来理解货币政策如何在相对正常的环境中运行，但是，这个方法对于金融失衡冲击经济时的货币政策分析远远不够。金融危机的教训确实侵蚀了危机前最优货币政策理论的两个关键部分：宏观经济本质上是非线性的，这一教训动摇了线性二次框架；金融部门的发展对经济活动具有重要影响，这一教训则动摇了中央银行的目标函数的设定。

（一）通货膨胀稳定性和产出缺口之间的联系松散

波洛兹（Poloz，2015）指出，通货膨胀稳定性和产出缺口之间的联系没有最优货币政策理论假设中的那么强。短期内较低的、稳定的通货膨胀水平并不是长期物价稳定的充分条件。在过去十年的宽松货币环境下，消费物价水平确实维持在比较低的水平，但是却忽略了信贷的急剧扩张、风险的严重低估和资产价格大幅上涨。金融不平衡发展到一定程度，引发了金融系统的动荡，损害了货币政策传导机制，宏观经济也被拖入泥潭，伴随着通货紧缩不期而至。

尽管难以测度潜在产出，但是，不可忽视的一种情况是，在短期内，通货膨胀的情况并不能完全或者近似反映出产出缺口的变化。如果这种情况变成事实，那么关心宏观经济稳定的中央银行家不能只保持通货膨胀的稳定，他们需要尽其所能搜集市场信息，同时观测通货膨胀与产出缺口。自从危机发生以来，发达国家通货膨胀与产出的关系与危机前相比出现了较大改变。考虑到实际产出相对于潜在产出在不断下降、失业率快速上升，大部分经济学家认为通货膨胀应出现回落，甚至会产生通货紧缩。但是大部分发达经济体的通货膨胀水平却仍然接近于危机前的水平。这种现象表明，产出缺口和通货膨胀的关系已经发生改变，原因有以下两个：一是通货膨胀预期更为稳定，反映了过去二三十年中人们对货币政策的信心在增强。这也解释了为何当前较大的产出缺口带来的是较低的、却是稳定而非持续下降的通货膨胀。二是产出缺口和通货膨胀之间的相关性在趋弱。这一点较令人担忧，因为这意味着完全稳定的通货膨胀可能伴随着的是产出缺口巨大和不利的变动。如果产出与通货膨胀相关性持续保持微弱，中央银行需要比现在更明确地以经济活动为盯住目标。

（二）低而稳定的通货膨胀并非是金融稳定的充分条件

对金融稳定而言，低而稳定的通货膨胀是非充分条件（刘春航、李文泓，2009）。低而稳定的通货膨胀导致低名义利率，会误导市场参与者，使其认为经济体系风险比实际情况更低。信用风险利差跌至极低的水平，贷款标准也大幅下降，使得投资者增加杠杆、提高风险承受能力，同样鼓励消费者增加借款。尽管经济看起来是安然无恙，但是随着时间的推移，这些脆弱性不断积累，提高危机的风险不断增加。

凯恩斯区分了两种不同的交易：一种是购买当期产品和服务。产品和服务的价值是"当期产出的货币价值的函数，这个函数相当稳定"。另一种是"资本品或商品的投机性交易"或者纯粹的"金融交易"，这类交易的价值"与当期的产出率没有明确的关系"。因此，由信贷供给驱动的资本品价格水平可能背离当期产品和服务的价格水平（特纳，2015）。1997～2007年，经济合作与发展组织国家流通中的货币与国内生产总值之比上升1/3，股票价格与房地产价格暴涨，但是，通货膨胀率的幅度仍然略低于2%，这表明，流动性的增加没有导致商品与服务的价格上涨，而是转向推动资产价格的上涨。

货币政策在诱发资产价格泡沫方面具有一定作用，也就是"货币政策的风险承担渠道"。低利率促成过度的风险分担主要有两个基本的理由：第一，正如拉詹（2005，2006）所指出的那样，低利率增加了金融机构资产管理者追求收益的诱因，由此提高其风险承担水平。这种动机可能来自薪金制度，其中资产管理者基于超出最低水平（通常为零）的收益而获得报酬，因此，在低名义利率水平下，只有高风险投资才会给出高收入。它们也可能来自固定利率承诺，如保险公司提供的合同，这会迫使公司去寻求高收益、高风险的投资。或者，它们可能源自行为方面，如货币幻觉，这导致某些人感觉低利率意味着实际收益较低，从而鼓励他们通过购买更高风险的资产获取较高的目标回报率。低利率促进风险承担的第二个机制是收入和估值效应。低利率会提高净利息收益率，提高金融企业的价值，提高他们提升杠杆水平和承担风险的能力。而且，低利率能提升抵押品价值，从而促使信贷增加。这一机制与伯南克和格特勒等提出的"金融加速器"紧密相关，区别仅在于它是因贷款人而非借款人的金融摩擦所致。

（三）债务驱动的金融失衡成本高昂

波洛兹（Poloz，2015）指出，金融失衡可以使经济变得脆弱，但是债务驱动的失衡危害极大。这是因为当有冲击时，比如金融危机，可以使企业与家庭资产负债表的修复耗时很长，经济不以正常的方式恢复。中央银行一直关注金融稳定，特别是通过它们的最后贷款人角色。但在最近几十年，许多国家的中央银行逐步下调金融稳定目标的重要性。金融业监管逐渐脱离了中央银行，但是存在监管缺口，在某些司法管辖区，没有人把系统作为一个整体去监管其中的漏洞。

中央银行逐步下调金融稳定目标重要性的结果，导致在金融繁荣期间信贷起到促进作用，期间金融约束的弱化使支出和资产购买得以发生，导致资源错配，主要是资本错配，同时劳动力也错配，看似强劲的经济掩盖资源错配。然而，当繁荣转向崩溃时，资产价格和现金流下降，债务变成主导变量，资产负债表恶化也会强化逆向选择和道德风险问题。如果一个借款人在抵押贷款中违约，逆向选择问题的后果会没有那么严重，因为贷款人会收回抵押品从而直接造成损失。而且，损失抵押品的威胁使借款人更加有冲动接受无法管理的风险以至于最终导致违约，因此减小了道德风险问题。只要抵押品的质量足够高，这个机制就会起作用；在宏观经济下行期间，抵押品价值也许会下降，逆向选择和道德风险问题会再次成为核心，贷款人便不再愿意贷出资金。而且，这些事件将导致一个逆向反馈环。经济中的个体为了修复其资产负债表而削减支出（夏江山，2017）。

需要指出的是，在金融危机爆发的前十年，还有一个老生常谈而极其重要的学术讨论与货币政策讨论：中央银行是否应该逆风向调节金融泡沫或事后清理金融泡沫。然而，学术界对这一问题缺乏共识，在实践中，中央银行大多是采用自由放任的政策：中央银行不应当盯住资产价格，不应当刺破资产价格泡沫，在资产价格泡沫破裂之后，中央银行发挥最后贷款人的作用，采取事后清理政策，最小化后续负面影响。高成本的事后清理国际金融危机将成为反对金融市场自由放任的理由。

（四） 保持低而稳定的通货膨胀使货币政策者面临"两难选择"

波洛兹（Poloz，2015）认为，对政策制定而言，保持低而稳定的通货膨胀是一把"双刃剑"。不可否认，在经济和金融市场有效运转的情况下，保持低而稳定的通货膨胀可以促使市场参与者锚定通货膨胀预期，进行市场套利，从而得到预期收益。但是，保持低而稳定的通货膨胀也有一个缺点：名义利率的均衡水平低意味着有一个大的负面冲击时，由于受到零利率下限的约束，中央银行几乎没有回旋的余地。

由于货币政策主要影响长期实际利率来影响经济，因此，通过影响经济主体对未来政策利率路径和通货膨胀的预期，最终的结果将是在经济衰退期间，采用的政策要比基于通货膨胀目标制而实施的政策更加宽松。一个更温和的建议是保持通货膨胀目标制，但提高通货膨胀目标水平。但是，这种建议并没有足够的说服力，一旦提升通货膨胀目标水平，会不会在未来再度提升通货膨胀目标水平，如果反复提高通货膨胀目标水平，市场参与者就难以锚定通货膨胀预期，同时，削弱中央银行在通货膨胀目标制下获得的公信力，这会造成更大的宏观经济波动。

（五） 货币政策和金融稳定政策具有内在联系

货币政策和金融稳定政策具有内在联系，因此货币政策和金融稳定政策分置是一个伪命题。根据申玄松（Hyun Song Shin，2015）的研究，从图 10－2 可以看出，货币政策与金融稳定政策都会影响到家庭与企业的融资成本与可得性，从而导致支出的再分配。但是，它们的影响范围并不相同，宏观审慎监管政策是以特定部门、区域或者操作为目标，而货币政策对实体部门与金融体系具有更加广泛的影响。货币政策能够影响金融稳定，而致力于金融稳定的宏观审慎政策也将对宏观经济产生影响。如果实施宏观审慎政策来遏制信用泡沫，就会减缓信贷增长，降低总需求增长。此时，为了稳定通货膨胀和产出，货币政策也许需要更加宽松，政策利率保持在低水平以刺激经济，从而有更大的风险出现信用泡沫。

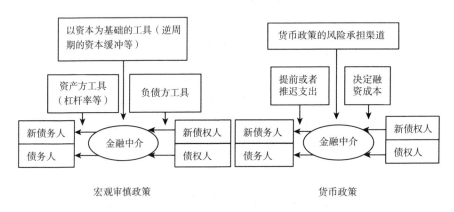

图 10 - 2　宏观审慎政策与货币政策相互关联

这也许需要更加严格的宏观审慎政策来防止信用泡沫形成。如果同时追求价格稳定、产出稳定和金融稳定三个目标，由于货币政策与宏观审慎政策都会影响到宏观经济与金融稳定，因此，需要协调货币政策和宏观审慎政策（见图10 - 3），国际金融危机为货币政策同时追求价格稳定、产出稳定和金融稳定三

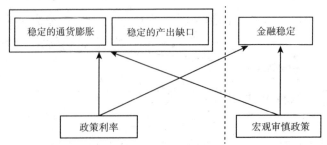

图 10 - 3　国际金融危机之后的观点：或许是这条路径

个目标提供有力支持。

在货币政策与宏观审慎监管搭配协调方面，中国香港地区已经有过很好的先例，受美国量化宽松货币政策的影响，从 2009 年起，中国香港地区的利率处于超低水平，导致房地产价格剧烈上涨，为了减缓房地产价格上涨带来的金融风险，中国香港地区金管局采用宏观审慎监管政策，甚至连停车位的杠杆率都受到约束，结果导致房地产价格平稳波动。

第五节

小　结

中央银行的稳定政策不能只是局限于宏观经济管理，中央银行需要在金融稳定方面发挥关键作用。由于货币政策的实施需要通过中央银行再贷款、货币市场操作等金融活动，因此，金融市场的平稳运行有助于货币政策的有效性。从理论基础来看，指导中央银行在通货膨胀目标制下运作的最优货币政策理论并没有给出一个重要的金融部门，因此，没有考虑到金融危机对宏观经济产生的影响。国际金融危机表明，经济学界需要更好的分析框架，以理解在金融市场中，实体部门与金融体系的关联，以及货币政策与宏观审慎监管工具的协调与互动。

至少在短期内，产出缺口与通货膨胀缺口存在一定距离，这导致中央银行可以暂时背离通货膨胀目标，以稳定产出缺口。但是，稳定的产出缺口与通货膨胀并不足以保证宏观经济环境一定运转良好。货币政策通过改变当期消费、未来消费的相对价格，以及通过改变投机动机而发挥作用，货币政策发挥作用非常依赖银行和金融部门，靠它们把货币政策的变化传导反映到信贷与利率上来。稳健的银行、金融部门在货币政策传导中至关重要，中央银行也非常关注金融稳定。因此，货币政策最终目标清单中必须包括金融稳定与宏观经济稳定，也就是在维持价格稳定的前提下，保持金融稳定。就政策工具而言，除了政策利率以外，还有很多工具可用。简而言之，国际金融危机之后的货币政策需要多个目标与多项工具。中央银行需要在金融稳定中发挥更加积极的作用，为实现宏观经济稳定和金融稳定的目标，需要宏观审慎监管等一系列工具，来配合货币政策。

　　维持金融稳定将是中央银行的核心功能，但宏观审慎政策框架仍处于起步阶段，在确保金融稳定方面，货币政策应该发挥的作用还会讨论。应更好地设计并实施更有效的宏观审慎工具，以及理解这些工具如何与货币政策相互影响，以维持金融稳定。

参 考 文 献

［1］ Adrian T. , Crump R. K. and Moench E. . Pricing the Term Structure with Linear Regressions, Federal Reserve Bank of New York Staff Reports, No. 340, 2013.

［2］ Adrian Tobias, E. Moench, and H. S. Shin. Macro Risk Premiums and Intermediary Balance Sheet Quantities. Federal Reserve Bank of New York Staff Report, No. 428, 2010.

［3］ Ahmed, S. and A. Zlate. Capital Flows to Emerging Market Economies: A Brave New World? Board of Governors of the Federal Reserve System International Finance Discussion Paper, No. 1081, 2013.

［4］ Aizenman J. , M. Binici and M. M. Hutchison. The Transmission of Federal Reserve Tapering News to Emerging Financial Markets. NBER Working Paper, No. 19980, 2014.

［5］ Akyüz Y. . Crisis Mismanagement in the United States and Europe: Impact on Developing Countries and Longer-Term Consequences. Turkish Economic Association Discussion Paper, No. 2014/3, 2014.

［6］ Baumeister C. and B. Luca. Unconventional Monetary Policy and the Great Recession: Estimating the Macroeconomic Effects of a Spread Compression at the Zero Lower Bound. *International Journal of Central Banking*, 2013, Vol. 9 （2）: 165 – 212.

［7］ Bean C. . The Future of Monetary Policy. Speech Given at London School of Economics, May 20, 2014.

［8］ Bernanke B. S. . Asset-Price Bubbles and Monetary Policy. Speech Delivered at the New York Chapter of the National Association for Business Economics, New York, October 15, 2002.

[9] Bernanke B. S.. The Economic Outlook and Monetary Policy. Presented at the World Economy Laboratory Spring Conference, Washington, D. C. April 23, 2004a.

[10] Bernanke B. S.. The Logic of Monetary Policy. Remarks Before the National Economists Club, Washington, D. C. December 2, 2004b.

[11] Bernanke B. S.. Reflections on a Year of Crisis. Speech Delivered at the Brookings Institution, Washington, D. C., September 15, 2009.

[12] Bernanke B. S.. Monetary Policy and the Housing Bubble. Speech Given at the Annual Meeting of the American Economic Association, Atlanta Georgia, January 3, 2010a.

[13] Bernanke B. S.. Federal Reserve's Exit Strategy. Testimony before the Committee on Financial Services, U. S. House of Representatives, Washington DC, February 10, 2010b.

[14] Bernanke B. S.. On the Implications of the Financial Crisis for Economics. Speech Given at the Conference Co-sponsored by the Center for Economic Policy Studies and the Bendheim Center for Finance, Princeton University, Princeton, New Jersey. September 24, 2010c.

[15] Bernanke B. S.. The Effects of the Great Recession on Central Bank Doctrine and Practice. Remarks at the 56th Economic Conference Federal Reserve Bank of Boston, Massachusetts, October 18, 2011.

[16] Bernanke B. S.. A Century of U. S. Central Banking: Goals, Frameworks, Accountability. Remarks at conference "The First 100 Years of the Federal Reserve: The Policy Record, Lessons Learned, and Prospects for the Future" Sponsored by the National Bureau of Economic Research Cambridge, Massachusetts, July 10, 2013.

[17] Bernanke B. S.. The Taylor Rule: A Benchmark for Monetary Policy?, http://www. brookings. edu/blogs/ben-bernanke/posts/2015/04/28-taylor-rule-monetary-policy, 2015.

［18］ Bernanke B. S. and G. Mark. Monetary Policy and Asset Price Volatility. NBER Working Paper，No. 7559，2000.

［19］ Bernanke Ben S. . and R. V. Reinhart. Conducting Monetary Policy at Very Low Short-Term Interest Rates. *American Economic Review*，2004，Vol. 94 （2）：85 – 90.

［20］ Blanchard O. J. et al. . In the Wake of the Crisis：Leading Economists Reassess Economic Policy. MIT Press，Cambridge，Massachusetts，2012.

［21］ Blanchard O. J. . Contours of Macroeconomic Policy in the Future ［EB/ OL］. http：//blog-imfdirect. imf. org/2015/04/02/contours-of-macroeconomic-policy-in-the-future/.

［22］ Blanchard O. J. et al. . Rethinking Macroeconomic Policy. IMF Staff Position Note 10/03，2010.

［23］ Blanchard O. J. et al. . Rethinking Macroeconomic Policy II：Getting Granular. IMF Staff Discussion Note 13/03，2013.

［24］ Blinder A. S. et al. . Central Bank Communication and Monetary Policy：A Survey of Theory and Evidence. NBER Working Paper No. 13932，2008.

［25］ Borio C. and H. Zhu. Capital Regulation，Risk-Taking and Monetary Policy：A Missing Link in the Transmission Mechanism. BIS Working Paper，No. 268，2008.

［26］ Borio C. and P. Disyata. Unconventional Monetary Policies：An Appraisal，BIS Working Paper 292，2009.

［27］ Borio C. and P. Lowe. Asset Prices，Financial and Monetary Stability：Exploring the Nexus. BIS Working Paper 114.

［28］ Bowman，D. ，J. M. Londono and H. Sapriza. US Unconventional Monetary Policy and Transmission to Emerging Economies. FRB International Finance Discussion Paper，No. 1109，2014.

［29］ Brockmeijer J. and B. Tamim. Unconventional Monetary Policies—Recent Experience and Prospects. IMF Background Paper，April 18，2013.

［30］ Campbell J. R. et al.. Macroeconomic Effects of FOMC Forward Guidance. *Brookings Papers on Economic Activity*, 2012, Vol. 43: 1 – 54.

［31］ Campbell S., M. Davis, J. Gallin, and R. Martin. A Trend and Variance Decomposition of the Rent-Price Ratio in Housing Markets. Finance and Economics Discussion Series 2006 – 29, 2006.

［32］ Carney M. Monetary Policy after the Fall Remarks at Eric J. Hanson Memorial Lecture. University of Alberta, Edmonton, Alberta, 1 May 2013.

［33］ Cecioni, M., G. Ferrero and A. Secchi. Unconventional Monetary Policy in Theory and in Practice. Occasional Papers No. 102, Bank of Italy, September 2011.

［34］ Charles P.. Strengthening our Monetary Policy Framework through Commitment, Credibility, and Communication. Speech at the Global Interdependence Center's 2011 Global Citizen Award Luncheon, Philadelphia, Pennsylvania, 8 November 2011.

［35］ Eggertsson G. B. and M. Woodford. The Zero Bound on Interest Rates and Optimal Monetary Policy. *Brookings Papers on Economic Activity*, 2003, Vol. 34 (1): 139 – 211.

［36］ Eichengreen B. and P. Gupta. Tapering Talk: The Impact of Expectations of Reduced Federal Reserve Security Purchases on Emerging Markets. Munich University Library MPRA Paper, No. 53040, 2014.

［37］ English W. B. et al.. The Federal Reserve's Framework for Monetary Policy-Recent Changes and New Questions. Finance and Economics Discussion Series of FRB, No. 2013 – 76, 2013.

［38］ Feldstein M.. The Risks to America's Booming Economy. https://www.project-syndicate.org/commentary/booming-american-economy-risks-by-martin-feldstein-2017 – 03, 2017.

［39］ Fitwi A. M. et al.. The U. S. Housing Price Bubble: Bernanke versus Taylor. Journal of Economics and Business, 2015, Vol 80 (4): 62 – 80.

［40］ Fratzscher M. et al.. A Global Monetary Tsunam? On the Spillovers of US

Quantitative Easing. CEPR Discussion Papers No. 9195, 2012.

[41] Gagnon J. et al. . Large-Scale Asset Purchases by the Federal Reserve: Did They Work? Federal Reserve Bank of New York Staff Reports, No. 441, 2010.

[42] Gallin J. . The Long-Run Relationship between House Prices and Rents. Finance and Economics Discussion Series 2004 – 50, 2004.

[43] Georgiadis G. . Determinants of Global Spillovers from US Monetary Policy. European Central Bank Working Paper Series No. 1854, 2015.

[44] Gertler, M. and P. Karadi. QE 1 vs. 2 vs. 3. . . : a Framework for Analyzing Largescale Asset Purchases as a Monetary Policy Tool. *International Journal of Centra Banking*, 2013, Vol. 9 (1): 5 – 53.

[45] Greenspan A. . Monetary Policy and the Economic Outlook. Testimony Before the Joint Economic Committee, U. S. Congress, June 17, 1999.

[46] Greenspan A. . Economic Volatility. Remarks at a Symposium Sponsored by the Federal Reserve Bank of Kansas City, Jackson Hole, Wyoming, August 30, 2002.

[47] Greenspan A. . Central Bank Panel Discussion. Remarks to the International Monetary Conference, Beijing, People's Republic of China, June 6, 2005a.

[48] Greenspan A. . Closing Remarks, Speech before a Symposium Sponsored by the Federal Reserve Bank of Kansas City, Jackson Hole, Wyoming, 2005b.

[49] Greenspan A. . The Crisis. Paper for Spring 2010 Conference of the Brookings on Economic Activity, 2010.

[50] Shin H. S. . Macroprudential Tools, Their Limits and Their Connection With Monetary Policy. Remarks at IMF Spring Meeting Event: "Rethinking Macro Policy Ⅲ: Progress or Confusion?" 15 April 2015, Washington, DC, 2015.

[51] International Monetary Fund. Dancing Together? Spillovers, Common Shocks, and the Role of Financial and Trade Linkages. World Economic Outlook, Chapter 3, 2013a.

[52] International Monetary Fund. Global Financial Stability Report: Transition Challenges to Stability. World Economic and Financial Surveys, October, 2013b.

[53] International Monetary Fund. Global Impact and Challenges of Unconventional Monetary Policies. IMF Policy Paper, 7 October, 2013c.

[54] Jiaqian Chen, T. Mancini-Griffoli and R. Sahay. Spillover. *Finance and Development*, September 2015: 40 – 43.

[55] Kahn G. A.. The Taylor Rule and the Practice of Central Banking, in Koening Evan F., Leeson Robert, Kahn George A. The Taylor Rule and the Transformation of Monetary Policy. Hoover Institution Press, 2012, pp. 63 – 101.

[56] Kohn D. L.. Monetary Policy and Asset Prices. Speech Delivered at Monetary Policy: A Journey from Theory to Practice, a European Central Bank Colloquium Held in Honor of Otmar Issing, Frankfurt, Germany, March 16, 2006.

[57] Kohn D. L.. Monetary Policy and Asset Prices Revisited. Speech Delivered at the Cato Institute's 26th Annual Monetary Policy Conference, Washington, D. C. November 19, 2008.

[58] Kohn D. L.. The Federal Reserve's Policy Actions during the Financial Crisis and Lessons for the Future. Speech at Carleton University, Ottawa, Canada, May 13, 2010.

[59] Krishnamurthy A. and V. Annette. The Effects of Quantitative Easing on Interest Rates: Channels and Implications for Policy. NBER Working Paper No. 17555, 2011.

[60] Lavigne, R., S. Sarker and G. Vasishtha. Spillover Effects of Quantitative Easing on Emerging-Market Economies. *Bank of Canada Review*, Autumn 2014: 23 – 33.

[61] McKay A., N. Emi, S. Jón. The Power Of Forward Guidance Revisited. NBER Working Paper, No. 20882, 2015.

[62] Mickey L.. Evaluating QEII: A Rationale to Exit. Shadow Open Market Committee, March 25, 2011.

[63] Mishkin F. S.. Inflation Targeting in Emerging Market Countries. NBER Working Paper No. 7618, 2000.

［64］ Mishkin F. S.. Housing and the Monetary Transmission Mechanism. Finance and Economics Discussion Series 2007 – 40, 2007.

［65］ Mishkin F. S.. How Should We Respond to Asset Price Bubbles? Speech Delivered at the Wharton Financial Institutions Center and Oliver Wyman Institute's Annual Financial Risk Roundtable, Philadelphia, Pennsylvania, May 15, 2008.

［66］ Mishkin F. S.. Monetary Policy Flexibility, Risk Management, and Financial Disruptions. *Journal of Asian Economics*, 2010, Vol. 23: 242 – 246.

［67］ Mishkin, F. S.. Monetary Policy Strategy: Lessons from the Crisis. NBER Working Papers No. 16755, 2011.

［68］ Mishra P., K. Moriyama, P. N'Diaye and L. Nguyen. Impact of Fed Tapering Announcements on Emerging Markets. IMF Working Paper No. WP/14/109, 2014.

［69］ Miyajima K., M. S. Mohanty and Y. James. Spillovers of US Unconventional Monetary Policy to Asia: the Role of Long-term interest Rates. BIS Working Papers, No. 478, 2014.

［70］ Moenjak T.. Central Banking Theory and Practice in Sustaining Monetary and Financial Stability. John Wiley & Sons Inc, New York, 2014.

［71］ Neely, C. J.. The Large-scale Asset Purchases Had Large International Effects. Federal Reserve Bank of St. Louis Working Paper Series No. 2010 – 018E, 2011.

［72］ Ostry J. D., A. R. Ghosh, and M. Chamon. Two Targets, Two Instruments: Monetary and Exchange Rate Policies in Emerging Market Economies. IMF Staff Discussion Notes No. 12/1, 2012.

［73］ Plosser C. I.. The U. S. Economic Outlook and the Normalization of Monetary Policy. Federal Reserve Bank of Philadelphia, Society of Business Economists Annual Conference, London, England, June 9, 2011.

［74］ Poloz S. S.. Lessons New and Old: Reinventing Central Banking. Remarks at Western University President's Lecture, London, Ontario, 24 February 2015.

[75] Rai V. and L. Suchanek. The Effect of the Federal Reserve's Tapering Announcements on Emerging Markets. Bank of Canada Working Paper, No. 2014 – 50, 2014.

[76] Rajan R.. Has Financial Development Made the World Riskier? NBER Working Paper No. 11728, 2005.

[77] Rajan R.. A Step in the Dark: Unconventional Monetary Policy after the Crisis. Delivered at Andrew Crockett Memorial Lecture on 23 June 2013.

[78] Rajan R.. Going Bust for Growth. Remarks to the Economic Club of New York, New York City, 19 May 2015.

[79] Rey, H.. International Channels of Transmission of Monetary Policy and the Mundellian Trilemma. NBER Working Paper No. 21852, 2016.

[80] Rose A. K.. Surprising Similarities: Recent Monetary Regimes of Small Economies. NBER Working Paper No. 19632, 2013.

[81] Rudebusch G. D.. The Fed's Exit Strategy for Monetary Policy. FRBSF Economics Letter 2010 – 18, 2010.

[82] Shirai S.. Central Banks' Challenges in a Rapidly Changing Global Economic Environment. Speech at the Monetary Authority of Singapore, Singapore, 2014.

[83] Smaghi L. B.. Conventional and Unconventional Monetary Policy. Keynote Lecture at the International Center for Monetary and Banking Studies (ICMB), Geneva, 28 April 2009.

[84] Stroebel J. C. and J. B. Taylor. Estimated Impact of the Fed's Mortgage-Backed Securities Purchase Program. NBER Working Paper No. 15626, 2009.

[85] Svensson L.. Targeting Rules versus Instrument Rules for Monetary Policy? What Is Wrong with McCallum and Nelson? Unpublished Manuscript, Princeton University, August, 2004.

[86] Taylor J. B.. Discretion Versus Policy Rules in Practice. Carnegie-Rochester Series on Public Policy, Vol. 39, 1993.

[87] Taylor J. B.. Housing and Monetary Policy. NBER Working Paper

No. 13682，2007.

［88］Taylor J. B.. Getting Back to a Rules-Based Monetary Strategy. Presented at the Shadow Open Market Committee Conference，March 20，2015a.

［89］Taylor J. B.. A Monetary Policy for the Future. Remarks at the IMF Conference，Rethinking Macro Policy Ⅲ，April 15，2015b.

［90］Trichet J.. Unconventional Monetary Policy Measures：Principles-Conditions-Raison d'etre. *International Journal of Central Banking*，Vol. 9（S1）：229 – 250，January 2013.

［91］Turner P.. The Global Long-Term Interest Rate，Financial Risks and Policy Choices in EMEs. BIS Working Papers No. 441，2014.

［92］Woodford M.. Methods of Policy Accommodation at the Interest-Rate Lower Bound. Paper Presented at the Federal Reserve Bank of Kansas City Symposium at Jackson Hole，2012.

［93］Yellen J. L.. Communication in Monetary Policy. Remarks at Society of American Business Editors and Writers 50th Anniversary Conference，Washington，D. C. April 4，2013.

［94］Yellen J. L.. Monetary Policy and the Economic Recovery. Speech at the Economic Club of New York，New York，April 16，2014.

［95］Yellen J. L. The Outlook，Uncertainty，and Monetary Policy. Remarks at "The Economic Club of New York"，New York，March 29，2016.

［96］［法］贝纳西－奎里等著，徐建炜、杨盼盼、徐奇渊译：《经济政策：理论与实践》，中国人民大学出版社 2015 年版。

［97］［美］乔治·考夫曼著，陈平等译：《现代金融体系：货币、市场和金融机构》，经济科学出版社 2001 年版。

［98］［英］阿代尔·特纳著，王胜邦、徐惊蛰、朱元倩译：《债务和魔鬼：货币、信贷和全球金融体系重建》，中信出版社 2016 年版。

［99］［法］奥利维尔·布兰查德：《危机潜藏之地》，载于《金融与发展》2014 年第 9 期。

[100] [美] 本·伯南克、托马斯·劳巴克、弗雷德里克·S. 米什金、亚当·S. 博森著，孙刚、钱泳、王宇译：《通货膨胀目标制：国际经验》，东北财经大学出版社 2006 年版。

[101] 戴金平、靳晓婷、许鉴：《非传统货币政策的退出指标和时机选择》，载于《国际金融研究》2012 年第 1 期。

[102] 董昀、郭强、李向前：《美国非传统货币政策：文献综述》，载于《金融评论》2015 年第 5 期。

[103] 郭强：《美联储前瞻指引：理论基础、发展脉络与潜在风险》，载于《新金融》2015 年第 4 期。

[104] 郭强、邓黎桥、刘场：《美国货币政策框架转型研究》，载于《新金融》2016 年第 3 期。

[105] 郭强、付志刚、邓黎桥：《美国货币政策正常化对中国的溢出效应：资本使用者成本视角》，载于《新金融》2017 年第 1 期。

[106] 郭强、李向前、付志刚：《货币政策工具与货币市场基准利率：基于中国的实证研究》，载于《南开经济研究》2015 年第 1 期。

[107] 郭强、谭小芬、李向前：《货币政策与资产价格泡沫：美国中央银行家的言与行》，载于《金融评论》2011 年第 4 期。

[108] 李向前、郭强：《美联储非传统货币政策及其对我国货币政策的启示》，载于《经济学动态》2012 年第 11 期。

[109] 刘春航、李文泓：《关于建立宏观审慎监管框架与逆周期政策机制的思考》，载于《比较》2009 年第 4 辑。

[110] 卢蕾蕾、李良松：《中央银行前瞻指引的理论与经验：文献综述》，载于《国际金融研究》2014 年第 1 期。

[111] 麦金农：《全球经济中的格林斯潘—伯南克泡沫》，载于《比较》2014 年第 1 辑。

[112] 谭小芬：《通货膨胀目标制、货币政策规则与汇率》，中国财政经济出版社 2008 年版。

[113] 谭小芬、郭强：《美联储货币政策的退出战略》，载于《宏观经济研

究》2011 年第 10 期。

[114] 谭小芬、熊爱宗、陈思翀：《美国量化宽松的退出机制、溢出效应与中国的对策》，载于《国际经济评论》2013 年第 5 期。

[115] 万志宏、曾刚：《中央银行沟通：理论、策略与效果》，载于《金融评论》2013 年第 5 期。

[116] 王爱俭、林远、林文浩：《美国第二轮量化宽松货币政策之经济效果预测》，载于《现代财经》2011 第 1 期。

[117] 伍戈、刘琨：《探寻中国货币政策的规则体系：多目标与多工具》，载于《国际金融研究》2015 年第 1 期。

[118] 夏江山：《通货膨胀、金融稳定与货币政策目标选择》，载于《财经问题研究》2017 年第 11 期。

[119] 易晓溦、陈守东、刘洋：《美国非常规货币政策冲击下中国利率期限结构动态响应研究》，载于《国际金融研究》2015 年第 1 期。

[120] 余永定（2014）：《货币政策转型的长久之计》，http：//finance.caixin.com/2014 – 10 – 22/100741350.html。

[121] 张斌、熊爱宗：《美国量化宽松政策对中国宏观经济的影响》，载于《新金融评论》2012 年第 2 期。

[122] 张明、肖立晟：《国际资本流动的驱动因素：新兴市场与发达经济体的比较》，载于《世界经济》2014 年第 8 期。

[123] 张晓慧：《中国货币政策》，中国金融出版社 2012 年版。

[124] 张晓晶：《试论中国宏观调控新常态》，载于《经济学动态》2015 年第 4 期。

[125] 张晓晶、董昀：《重构宏观经济政策框架：探索与争论》，载于《比较》2013 年第 3 辑。

[126] 周小川：《国际金融危机：观察、分析与应对》，中国金融出版社 2012 年版。

后　记

考上博士之后，肇始于美国次贷危机的国际金融危机以星火燎原之势席卷全球，出于兴趣，我就不知天高地厚地开始关注美国为何不用货币政策干预资产价格的问题，不久发现，为了稳定金融市场，美国开始实施非传统货币政策，我又跟风式地研究美国为何开始实施非传统货币政策，并乐在其中。博士毕业回母校工作以后，王爱俭教授鼓励我继续跟踪研究这一问题。

这本专著是在王老师的指导下，梳理整合有关美国非传统货币政策的文献而成。公允地讲，与其说是学术专著，不如说是学术研究笔记。如果非要找出它的意义，那可能也就是"立此存照"！由于生性愚钝、学识有限，在做研究笔记的过程中，我有农民工拉车爬坡过坎时步履维艰的沉重，尽管如此，偶尔也会有建筑师精心绘制蓝图时踌躇满志的愉悦。

在读博士期间，我的导师——李向阳教授建议我用逻辑一致的分析框架透视学术问题，并注重问题解决方案的可操作性，绝不能浅尝辄止。那时，每周往返于北京大学与研究生院，去北京大学，参与宋国青教授与卢锋教授组织的开放宏观经济问题讨论课，除了学到分析问题的方法，更为重要的是，使我形成了"烧开一壶水"的治学态度。

坦白地说，作为"青椒"，我既不了解政策制定的程序与过程，也不清楚金融市场发展的最新进展与创新。但是，出于天职，我要向同学们传道授业解惑，传授"黑板经济学"。考虑到既然受到条件约束而不能行万里路，那就发挥比较优势而尽量去读万卷书。为了能够在课堂讲得清楚，我就查阅资料、研读经典与前沿文献。说老实话，这几年下来，我真正地感受到"教学相长"的真切含义。张宇燕老师曾经教导我们说"写作是最好的学习"，我斗胆再补充一句"教课也是很好的学习方式"。

　　没有很好地找到理论与实践的融汇点，而只是一味地阅读文献，这给我带来的尴尬与遗憾于今尚且难以释怀。诚然，没有尴尬与遗憾，历史就不会进步。对于甘心做教书匠的我，认真做好文献评述，给同学们详细讲解经典理论与前沿理论，或多或少也能体现出"工匠精神"。

　　感谢王爱俭教授为我阅读文献提供的宽松环境，让我心安理得地躲进小楼成一统；感谢李向阳教授一直以来对我润物细无声的鼓励与支持；感谢何帆教授不遗余力地给我提供打磨技艺的机会；感谢肖红叶教授甘为人梯地提携指路；感谢李向前教授十几年来提供的诸多帮助；感谢宋国青教授与卢锋教授端正我的科研态度；感谢我的学友——年少成名的张明教授、踏实严谨的谭小芬教授、博识多学的董昀博士、注重技艺的邓黎桥博士与刘场博士的全力支持；感谢靳飞博士不远千里地第一时间把我心仪的文章传递给我；感谢金融系与中国滨海金融协同创新中心的全体同事创造的和谐气氛！

　　由于笔者学识有限，书中难免会有不足，甚至错误之处，敬请各位专家、读者批评指正！

郭强于天津财经大学

2018 年 5 月